「PICマイコン」で学ぶ C言語

PICkit3　　　　　　学習ボード

「PICマイコン」で学ぶC言語
CONTENTS

はじめに……………………………………………………………………………4

第0章　「PICマイコン」を学習するための基礎知識
- [0-1]「10進数」「2進数」「16進数」………………………………………………7
- [0-2]「10進数」「2進数」「16進数」相互変換方法 …………………………12
- [0-3]「正の数」と「負の数」………………………………………………………16
- [0-4]「C言語」プログラムのスタイル…………………………………………23

第1章　「PICマイコン」を学習するための準備
- [1-1]「PICマイコン」用　「C言語コンパイラ」……………………………30
- [1-2]「PICマイコン」用　PICライターと書込みソフト ……………………38
- [1-3]「PICマイコン」「C言語」基礎学習のためのボード…………………41
- [1-4]「PIC-C言語」学習のために必要なもの・まとめ………………………45
- [1-5]「CCS-Cコンパイラ」のインストール……………………………………45
- [1-6]「MPLAB-X」のインストール ……………………………………………46
- [1-7] プログラムの入力と「コンパイル」「書き込み」「実行」……………48

第2章　「C言語」プログラムの基礎
- [2-1] 最初のプログラム……………………………………………………………62
- [2-2]「定数」「変数」「式」とは……………………………………………………75
- [2-3] 変数の型と宣言………………………………………………………………80
- [2-4]「bポート」に「0」から「255」までの数値を出力…………………85
- [2-5] さまざまなLED点灯パターンプログラム………………………………99
- [2-6] 判定文　「if ～ else」 ……………………………………………………101
- [2-7]「条件式」を複数設定する…………………………………………………108
- [2-8]「while文」を「if文」のように使う……………………………………110
- [2-9] 多方向分岐　「switch(　)～case文」「do～while文」……………122
- [2-10] 1次元配列…………………………………………………………………128
- [2-11]「2次元配列」と「2重ループ」…………………………………………135
- [2-12] 文字列配列…………………………………………………………………140
- [2-13]「ポインタ」と「配列」……………………………………………………144
- [2-14] 関数…………………………………………………………………………161
- [2-15] 変数の適用範囲……………………………………………………………168
- [2-16]「main関数」内の配列を他の関数で使う ……………………………173
- [2-17] 2つ以上の値を返す関数…………………………………………………177
- [2-18]「負の数」を扱う …………………………………………………………180
- [2-19] データをまとめて扱う「構造体」………………………………………184

第3章　「PICマイコン」システムの設計の基礎
- [3-1] 目的を決定し、「PICマイコン」の選択…………………………………191
- [3-2]「割り込み処理」を使った「サイコロ」プログラム……………………207

問題解答例 ……………………………………………………………………………211
索　引 …………………………………………………………………………………221

●各製品名は、一般に各社の登録商標または商標ですが、®およびTMは省略しています。

はじめに

　最近の「マイコン」ブームは、40年近く前にあった、「マイコン」ブームとは、かなり異なる状況が生まれています。

　「マイコン」は、「マイクロ・コンピュータ」の略称です。その「マイコン」は、「パソコン」の心臓部でもあります。
　40年前は、「マイコン・ボード」の発展型として、「パソコン」がどんどん普及していき、
　世の関心は、「パソコン」にほぼ集中していた、と言っても過言ではありません。

　「マイコン」はと言えば、一部の研究者開発者やマニアが使うもので、一般の人が手を出すことは、あまりなかったように思います。

　その大きな理由としては、
・「マイコン・チップ」単体では使えない
・開発環境がアセンブリ言語のみ
・解説本が少なく難解であった

などです。

*

　その当時に比べ、現在の状況では、「マイコン・チップ」には、「マイコン」の動作に最低限必要な機能として、「メモリ」や「基準クロック」「タイマー」「I/O」はもちろんのこと、「A/Dコンバータ」や「オペアンプ」などまでも内蔵しているものもあります。
　これは、40年前には、考えられないことでした。
　しかも、そのような高機能のチップの価格が、80円～1000円程度で手に入れられるのです。

*

　また、「Arduino」や「RaspberryPi」などの「マイコン・ボード」や「周辺ボード」も多数販売されるようになり、さらに「マイコン」が使いやすくなりました。

はじめに

　そのことによって、「こんな機能をもった製品があったらいいのに！」と思い描いたオリジナルの電子製品をアマチュアでも比較的簡単に作れるようになったのです。

　たとえば、家の周りに、「侵入者を検知して警告の発声（音声合成）を鳴らして、侵入者を驚かす装置を付けたい」と思ったら、それを作ることも容易にできるのです。

　いろいろな製品が出回っている現在でも、そのような、ちょっと便利だけど、売られていないような製品は、まだまだたくさんあるのです。
　そのようなものを、自分自身で製作していく楽しみには、大きな達成感もあります。

＊

　しかし、一方で、「マイコン」を使った電子製品を作っていくには、勉強をしなくてはいけない分野が多く、ハードルが高いことも事実です。

　とりわけ、「マイコン」に命を吹き込む「ソフト」の開発は、一筋縄ではいきません。
　「開発するためのプログラム言語を学ばなければならない。その言語はC言語だ」とまでは分かっても、「C言語」の本は多数ありますが、どれも、パソコン向けのものが前提で、「マイコン」向けのものは少ないことも事実です。

　そこで、本書では、あえて体系的に「C言語」や「C++言語」を学ぶようなものとせずに、「PICマイコン」を使う上で必要にして最低限のことだけを記述することで、「まずは、とりあえず、基本動作プログラムを動かしながら「C言語」を学習する」、ということを主眼にしています。

　学習に使うための「PICマイコン・ボード」も、たった400円

はじめに

程度でできるもので、プログラム結果の確認は、「「2進数」で行なう」という、一見、初心者には優しくないと思われるようなものです。

しかし、「マイコン」の基礎を学ぶ上で避けては通れない「2進数」を、目で見て体験していけるようになっています。

また、ボードに付いているのは、マイコンの他には、8個のLEDと4個のプッシュスイッチだけです。

これだけシンプルにしたのは、とにかく、基礎を学ぶ上で不要な機能を取り除いて、本質的な部分に集中できるようにしたためです。

これだけ簡単なボードも、本質的なプログラムの学習には充分です。

本書で「C言語」プログラムの基礎を学んで、もっと深く体系的に学んでみようと思ったら、他の書籍をじっくり読んでもらえばいいと考えています。

*

プログラミング言語としての「Cコンパイラ」には、有償の「CCS-C」と無償で使える「XC」の2つから選択できます。

ソースコードはこの2つのコンパイラのものをすべて載せているので、「お金をあまりかけずにとりあえず始めてみたい」という人でも気軽に勉強できます。

*

また、本の最後には、応用として、「電子サイコロ」を作る内容を、ハード/ソフトともに解説を交えて掲載しています。

*

一般的に達成感が得られないことを持続できる人は、とても少ないと思います。

その意味で、本書では「まず達成感を得てもらおう」と思っています。

ぜひ、この本を活用して「C言語」をマスターして「PIC」を使いこなす基礎を学んでください。

神田民太郎

第0章

「PICマイコン」を学習するための基礎知識

0.1 「10進数」「2進数」「16進数」

■「数字」というもの

私たちは、日常のさまざまな場面で、「数字」を使っています。

たとえば、次のようにです。

> ①「今、何時？」 → 「えーっと、19時8分です」
> ②「このキャベツ1個いくら？」 → 「198円です」
> ③「今日の出席者は全部で何人？」 → 「198人です」
> ④「このお菓子1袋に含まれる塩分は？」 → 「198mgです」
> ⑤「この駅から、東京までの距離は？」 → 「ちょうど198kmです」
> ⑥「このバスケの選手結構背が高いけど」 → 「はい、198cmだそうです」
> ⑦「日本の国家予算って、198兆円？」 → 「いや、そこまではないよ」

と、同じ「198」という数でも、いろいろな場面で、まったく異なる意味を表現することに使われています。

つまり、「198」という数字は「概念」であり、それ単独では、意味をもちません。

この世に「198」という絶対的なモノがあるわけではありません。
数字は、人間が日常の実生活の場面で、さまざまな判断材料に使う上で便宜上利用しているもので、その「単位」が重要です。

■「進数」とは

そして、私たちは、その数字を「0～9」までの10種類の数の組み合わせで表現しています。

第0章　「PICマイコン」を学習するための基礎知識

「9」の次は、「10」となり、桁上がりが生じます。

　これから分かるように、「＊進数」とは、初めて桁上がりが生じたときの数で表わされています。
　1桁で表わされる数の最大値は、「＊進数」の「＊」の1つ前までです。
　ですから、「10進数」の場合は、「9」が1桁で表わされる最大の数になります。

＊

　では、なぜ、私たちは、日常生活で「10進数」を使っているのでしょうか。

　そんなことを特に疑問に思ったことはないかもしれませんが、その答は「世界中のみんなが使っているから」ということなのでしょう。
　何が言いたいのかと言うと、
「数は、概念であるから、どんな表現で表わしても自由である」ということです。
　10種類の数を使う「10進数」であろうが、4種類の数で表現する「4進数」だろうが、それでないといけないということはないのです。

　ただ、それを使うことに便利さがなければ、混乱するだけなので、多くの人が、「それはいいよね！」とならなければいけないということは言えます。

■ 人間と「10進数」

　人は、相当昔から、「数」という概念を使ってきたと考えられています。

　その昔、人が数を数える必要性があったのは、たとえば、木の実を収穫したときに、「何個収穫した」とか、「獲物を何頭捉えた」とかのように、その数によって、その後の行動を起こす目安になったからとも考えられます。
　「木の実を何個収穫できたから、家族4人だと、一人に何個ずつ配ることができる」とかです。

　その数を数えるときに、指を使ったとも言われています。
　人間の指は、言うまでもなく10本です。
　これは、想像ですが、人間の指が10本だったことが、今でも日常の多くの場面で、「10進数」を使うきっかけになったのでは、ないでしょうか（諸

[0.1]「10進数」「2進数」「16進数」

説、他にもあります)。
　もし、人間に指が、8本だったり、12本だったら、また違ったことになっていたかもしれません。

■ コンピュータと「2進数」

　前置きが長くなりましたが、このことをコンピュータの世界に当てはめてみると、また、違った都合が見えてきます。

　コンピュータが発明されてからずいぶん長い年月が経ちますが、コンピュータの世界では、今のところ、「2進数」を使って動いているというのが実情です。
　人間の指が10本で、ものを数えるのに都合がよいことで「10進数」が使われるようになったと考えられるのに対し、コンピュータの世界では、電気の「ある (1)」「なし (0)」で数を表わすのが便利だ、との考えで開発されてきました。

　もちろん、「ある」「なし」だけではなく、「目いっぱいある」「普通にある」「まったくない」の3種類で扱うような設計もできたのかもしれません。
　しかし、それはやらなかったということです。
　しかし、将来に渡っても今の方法で行なっているかどうかは分かりません。
　　　　　　　　　　　　　　＊
　そのような状況で、現在、コンピュータの世界では、「2進数」を使って処理するということが続けられています。

　「2進数」は、「2」になったときに、初めて1桁から2桁になる数です。
　「10進数」との対応表を作ると次のようになります。
　なお、「16進数」については、後で説明します。

　この表で「2進数」を見ると、人間には、決して分かりやすい表記ではありません。
　どの数値を見ても、同じように見えてしまいます。
　ですから、コンピュータの内部処理には都合がよくても、人の日常生活で使われることはないのです。
　しかし、表記の違いがあれ、たとえば、「12時」という表現も、「1100時」

「PICマイコン」を学習するための基礎知識

という「2進数」表現も、表わしている意味はまったく同じになります。

「10進数」「2進数」「16進数」対応表

10進数	2進数	16進数
0	0	0
1	1	1
2	10	2
3	11	3
4	100	4
5	101	5
6	110	6
7	111	7
8	1000	8
9	1001	9
10	1010	a
11	1011	b
12	1100	c
13	1101	d
14	1110	e
15	1111	f

*

　見て分かるように、「2進数」表現は、人には、分かりにくいだけで、何のメリットもありません。
　パソコンを使ってプログラミングを行なっていても、あまり、「2進数」を扱わなければいけないというケースはありませんが、「マイコン」を使っていくためには、必須と言っても過言ではありません。

　そのため、パソコンがメインで解説されている「C言語」では、「2進数」の説明にページを多く取っているものはほとんど見かけませんが、本書では、「マイコン」をメインで扱う「C言語」の解説をしていく前提として、この部分を詳しく説明していきます。

[0.1] 「10進数」「2進数」「16進数」

■ 16進数

ただ、そう言っても、「2進数」における「1」と「0」だけの表記が分かりにくいことは、デメリットでしかなく、実際に扱うときの誤りに直結します。

そこで、少しでも、この見た目の表現を分かりやすくする方法として、「16進数」というもので「2進数」を置き換えて表現しようという手法がとられます。

「16進数」は、これまでの説明した考え方を当てはめれば、「16」になるときに初めて桁上げが行なわれる数で、その1つ手前（15）までは、1桁で表わされる数、ということになります。

表を見てもらえれば分かるように、「0～15」の数が、1桁の表現で行なわれています。

「0～9」までは、「10進数」の表現とまったく同じで、「10進数」で初めて桁上げが行なわれる「10」を「a」というアルファベット1文字で表わしています。

以下、「11～15」までを、「b,c,d,e,f」と表現します。

この表現では、小文字でも、大文字でも特に違いはなく、どちらでもOKです。

このようにすることによって、「2進数」4桁は、「16進数」1桁で表現できることになります。

「2進数」の桁が増えていっても、「2進数」を4桁ごとに区切ることで、その4桁をそれぞれ、「16進数」一桁で表わせるので、必然的に長くなる「2進数」の桁数を1/4にできるので、たいへん分かりやすくなります。

たとえば「2進数」表現で表わされる「1101,0101,1110,0011」は、「d5e3」と表わせます。

逆に、「16進数」で表記した「5fca」は「0101,1111,1100,1010」と、すぐに置き換えることができるのです。

そのような事情から、「2進数」を表記するときは、4桁ごとに「,」を入れて表記したほうがよいのです。

しかし、「,」は、「10進数」でも、たとえば「¥5400」を「¥5,400」と表

第0章 「PICマイコン」を学習するための基礎知識

記しても、どちらも同じであるのと同様、「,」を入れることは必須ではありません。

しかし、特に「2進数」では、見やすさの点で、入れることの意味は非常に大きくなります。

0.2 「10進数」「2進数」「16進数」相互変換方法

「10進数」「2進数」「16進数」それぞれのもつ意味は理解できたかと思います。

次に、それらの「進数表現をした数を相互に変換する方法」について説明します。

> ※ 実際に「C言語」プログラミングの中では、それを自動でできるので、人の手を介して行なうことはありませんが、手計算で行なう方法は、基礎知識として身に着けておいたほうが何かと役に立ちます。

■「10進数」を「2進数」に変換

まず、「10進数」を「2進数」に変換する方法です。

たとえば、「10進数」で「123」という数を「2進数」表記に変換するためには、図のように、「2で割った商と余り」を求めていきます。

そして、「2」で割ることができなくなったら、終了で、その結果を図の矢印のように「1」と「0」を順に読んでいきます。

この例では、「111,1011」となります。
このときも、4桁ごとに「,」で区切ると分かりやすいでしょう。

```
2)123
2) 61 ・・・1
2) 30 ・・・1
2) 15 ・・・0
2)  7 ・・・1
2)  3 ・・・1
2)  1 ・・・1
```

> ※ なお、3桁になった「111」は4桁にして「0111」と表現します。

[0.2]「10進数」「2進数」「16進数」相互変換方法

[問題] 0-2-1

> 次の「10進数」を、「2進数」に変換しなさい。
>
> ① 200　　② 57　　③ 321　　④ 191　　⑤ 291

■「2進数」を「10進数」に変換

逆に「2進数」を「10進数」に変換する方法について説明します。

*

理論的には、桁ごとに「2のべき乗」(下1桁目は「2の0乗」、下2桁目は2の1乗、下3桁目は2の2乗)を、その桁が1のときだけ足し算していきます。

たとえば、先ほど、「123」を「2進数」に変換した、「0111,1011」であれば、次のようになります。

> ※ なお、「2のべき乗」は、便宜上「＾」を使って表わすことにしますが、この表記方法は、「C言語」プログラミングではサポートしていないので、間違えないようにしてください。

「2の3乗」は「2＾3」と表現します。

```
2^6 + 2^5 + 2^4 + 2^3 + 2^1 + 2^0
```

となります。

これを計算すると、

```
64 + 32 + 16 + 8 + 2 + 1 = 123
```

となります。

> ※ なお、数学においても、「2の0乗」は「0」ではなく「1」なので、間違えないようにしましょう。

[問題] 0-2-2

> 次の「2進数」を、「10進数」に変換しなさい。
>
> ① 1010,1010　② 0011,0001　③ 1001,0011　④ 0111,1110
> ⑤ 1100.1111

「PICマイコン」を学習するための基礎知識

■「2進数」を「16進数」に変換

「2進数」を「16進数」に変換するのは、至極簡単です。
なぜなら、「2進数4桁」は、「16進数1桁」に完全に対応しているからです。
慣れてくると、「2進数4桁」は、すぐに「16進数1桁」に変換できます。

たとえば、「1101,0011」であれば「d3」であり、「0101,0111」であれば「57」となります。

■「16進数」を「2進数」に変換

これも、また、至極簡単な作業です。
「2進数」を「16進数」に変換するやり方の逆をやればいいだけです。

「f3」なら「1111,0011」であり、「C8」なら「1100,1000」ということになります。

■「10進数」を「16進数」に変換

これは、「2進数」に変換するときと考え方は同じで、求めようとする数を「16」で割り、「余り」を求めていきます。

たとえば、「123」を「16進数」に変換する例は次のようになります。

```
16)123
    7・・・11
    →
```

結果は、「7あまり11」ですから、これを「16進数」で表現すれば、「7b」となります。

■「16進数」を「10進数」に変換

これは、「2進数」のときと考え方は同じです。

[0.2]「10進数」「2進数」「16進数」相互変換方法

桁ごとに、下1桁は「16の0乗」、下2桁は「16の1乗」にその桁の数を掛け算して足し算します。

先ほど、「2進数」のときは、「その桁の数を掛け算する」という表現をしませんでしたが、「2進数」の場合は、掛け算する数は「1」か「0」かなので、「1」はかけても同じ、「0」はかければ「0」になるので、「1」の桁の部分だけを足し算したのです。

このようにして、たとえば、「7 b」を「10進数」に変換すると、

$16^1 \times 7 + 16^0 \times 11 = 16 \times 7 + 1 \times 11 = 112 + 11 = 123$

となります。

■「10進数」<−>「2進数」の相互変換は、最初「16進数」に

ここまでの説明で、「10進数」「2進数」「16進数」の相互の変換方法が理解できたと思います。

そこで見えてくるのは、「10進数」を「2進数」に変換する方法と、その逆の「2進数」を「10進数」に変換することの面倒な作業です。

そこで、「10進」を「2進数」に変換するには、まず、「16進数」に変換するのです。

「16進数」に変換してしまえば、それを「2進数」にするのは簡単です。
前の例で、「123」を「7b」に変換しましたが、「7b」は「0111,1011」にすぐ変換できます。

また、「0111,1111」を「10進数」に変換するのも、前に説明したとおり、「7b」となってしまえば、計算は簡単です。

第0章 「PICマイコン」を学習するための基礎知識

0.3 「正の数」と「負の数」

私たちが日常使っている数には、「正の数」（＋の数）と「負の数」（－の数）があります。

ここで、改めて、「正の数って何？」「負の数って何？」という質問をされたら、みなさんはどう答えるでしょうか。

> 「正の数は儲けで、負の数は借金だよ」
> 「正の数は、地表の上の部分で、負の数は、海の中や地中だよ」
> 「0℃より高い気温が＋で、0℃より低い温度は－だよ」

など、いろいろな例えができると思います。
そのどれも、正解だと思います。

■ 現実世界の「正の数」と「負の数」

定期預金があると、普通預金の残高に、マイナスがつくことがあります。

それは、定期預金を担保に借金をしていることを示していて、その意味はだれでも理解できると思います。
しかし、プラスのお金は、実態として、目に見える形で存在していますが、マイナスのお金って、実態は見ることができません。

＊

地球上では、「海抜＊m」という言葉をよく使います。
「富士山は海抜3776m」というようにです。
そして、日本には「海抜－18m」というような土地もあり、大雨や高潮が起きると、浸水の被害を受けやすくなります。

これらは、すべて「平均海面」を「0m」として、海より上か、下かで、「＋」「－」を付けて表わしているのです（「＋」はあえて付けませんが）。
つまり、「＋」や「－」というものは、相対的なもので概念でしかないのです。

■ コンピュータの世界の「正の数」と「負の数」

では、コンピュータの世界では、どうでしょうか。

[0.3]「正の数」と「負の数」

単純に私たちが日ごろ使っている、「－1」や「－18」などの数は、どのように表現するのでしょうか。

＊

これまで説明してきたように、コンピュータの内部では、「2進数」による表現によって数を表わしています。

「0」は、「0000,0000」であり、「1」は「0000,0001」というようにでしたね。

では、「－」という数はどうしましょうか。

「－0000,0001」としたいところですが、この頭に付けた「－記号」も、「0」と「1」で構成されるビットのどこかに入れ込まなくてはいけないのです。

決して、「－記号」だけを特別扱いするようなことはできないのです。

このことが、コンピュータで「負の数」を扱うためにちょっとだけ難しくなる部分です。

では、次のように考えることにしたらどうでしょう。

> 8つあるビットのいちばん上位のビットは、符号（＋か－）を表わすビットにし、「－」の場合は「1」として、「＋」の場合は「0」とする。

つまり、「＋1」は「0000,0001」となり、「－1」は「1000,0001」とするわけです。

このルールは、簡単でよさそうですよね。

「＋20」なら「0001,0100」で、「－20」なら「1001,0100」となります。

＊

ところが、結論から言うと、現在コンピュータ内部では、このルールは採用されていません。

なぜでしょうか。

それは、このルールにすると不都合が生じるからなのです。

単純に次の2つの「2進数」を見れば分かります。

「0000,0000」と「1000,0000」です。

つまり、「＋0」と「－0」ということです。

「これってどっちも同じ0？」という疑問が出てきます。

「0000,0000」も「0」、「1000,0000」も「0」では、おかしなことになります。

第0章 「PICマイコン」を学習するための基礎知識

　コンピュータ内部では、2つの数の値が等しいかどうかを判定するときに、ビットの状態を調べ、すべてのビットが同じならば2つの数は等しいと判定します。
　ですから、この状態では、「異なる0を等しい」とは判断できないのです。
＊
　そのため、現在のコンピュータでは、「負の数」を表わす方式として、この「絶対符号形式」ではなく、「2の補数形式」というものが採用されています。

　それは、どのようなものかというと、「1」と「0」で表現された「2進数」の各ビットをすべて反転（「1」は「0」、「0」は「1」にすること）させて、その数に「1」を加えたものを「負の数」の表現として使っています。
＊
　具体的に例を示すと、次のようになります。

　たとえば、「-18」を「2進数」として表現したい場合は、

① 「-18」の絶対値（符号をはずした数値部分）「18」を「2進数」に。→ 0001,0010
② ビット反転。　→ 1110,1101
③ この数に「1」を足す。　→ 1110,1110
④ この「1110,1110」が、「-18」を表わす「2進数」表記。

　このように説明すると、

> 「1110,1110」は「16進数」では「ee」だから、「16×14＋14＝224＋14＝238」じゃないですか？

と思うかもしれませんね。
　当然です。前の部分でそう説明しているのですから…。

　それをどう区別するかと言うことが、大変重要な問題になることは分かると思います。
　結論的に言えば、「1110,1110は238とも解釈できるし、-18と解釈することもできる」ということなのです。

　「えっ？、238と-18って、似ても似つかない数なんですけど？」
　そうですよね。私も、まったく同感です。異論はありません。

[0.3]「正の数」と「負の数」

でも「2進数」で表記すると同じなのです。

＊

ここで、説明をやめたら、みなさんが納得しないので、その理由を説明すると、

> 「1110,1110」を「238」と解釈するか、「－18」と解釈するかは、使う人が決める

ということなのです。

最初のほうでも説明したことですが、数の表現というのは、どれも絶対的なものでもなく、誰か人間が決めたものなのです。

温度の表現にも、日本で使われている「摂氏」という表現があり、「体温は36℃だから、問題ない」とか表現しますが、アメリカなどで用いられている「華氏」という温度表現では、「体温は、96.8°Fだから問題ない」となります。

「36」と「96.8」が同じとは、なかなか思いにくいですが、現実としてそうなっています。

ですから、この場合は、①プラスの数しか使わない、②マイナスの数も使う、のどちらなのかを決めてやることで、それぞれ正しい解釈ができるということなのです。

> ※「C言語」には、変数を宣言するときに、プラスの数しか扱わない「unsigned」という指定があり、マイナスの数も扱う「signed」という表現と使い分けます。
>
> 指定しなかった場合、「unsigned」になるか「signed」になるかは、コンパイラによって異なってきますので、使うコンパイラのマニュアルを読む必要があります。
>
> ちなみに、今回使う「CCS-C コンパイラ」はデフォルト（指定しなかった場合）は「符号なし」で、「XC」はデフォルトでは「signed」で「符号あり」です。
>
> 「符号なし」で解釈する場合、「1110,1110」は「238」になるわけです。

＊

「PICマイコン」を学習するための基礎知識

■2の補数形式

では、「2の補数形式」という「負の数」の表現方法は、どのような性質のものなのでしょうか。

「0」から「1」を引くことを考えてみます。
答えは、言うまでもなく、「-1」ですね。
「-1」を先ほど説明した「2の補数形式」に変換する方法で「2進数」表現してみると、

① 「-1」の絶対値（符号をはずした数値部分）「1」を「2進数」に。 → 0000,0001
② ビット反転。 → 1111,1110
③ この数に1を足す。 → 1111,1111
④ この「1111,1111」が、「-1」を表わす「2進数」表記。

これは、「16進数」で表現すると、「ff」です。
「正の数」なら、「255」です。

*

「ff」が「-1」だとは、なかなか信じられないことかもしれませんが、次のことを考えるとある程度納得できます。

「0から1は引けないから、隣の桁から借りてきて…、いや隣の桁も0で借りられない…」。

結局のところ、「引けません、先生！」とは言えないので、強引に9ケタ目に「1」があることを想定して（実際にはない）無理やり引くことになります。

そうすると結果は「1111,1111」になり、この点ではつじつまが合います。

*

では、8ビットで表現される「2進数」で、「プラスの数」も「マイナスの数」も扱う場合、数の範囲はどのようになるでしょうか。

最上位ビットが「1」の場合は、「-」の数になるので、「正の数」の最大は、「0111,1111」となり、「7f」ですから、「16×7+15=112+15=127」となります。

では、「負の数」の最小値はどうなるでしょうか。
「-1、-2、-3、・・・・・」となって、最後はどこまで行くでしょうか。

[0.3]「正の数」と「負の数」

それは、「1000,0000」ということになります。
これを符号を反転して、「1」を足すと、「0111,1111+1 = 1000,0000」です。
これは、80（16進）ですから、「16 × 8 = 128」ということになります。
つまり、「負の数」は、「− 1」から、「− 128」ということになります。

これを図示すると、次のようになります。

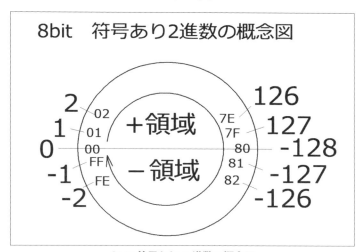

8bit 符号あり 2 進数の概念図

　この図から分かるように、「00」から始まる数字は、「1,2」とプラス領域に時計回りで数が増えて、＋の数の最大値は「127」になります。
　そのときの「16進数」表現は、「7F」となります。

　そして、さらに時計回りに行くと、「7F」の次には、「80」があり、これは「負の数」の最小値の「− 128」となっています。
　そして、「81,82」と「16進数」表記でも数は大きくなり、「− 127, − 126」と「10進数」としても数は増えていきます。
　このことは、「+127(7F)」と「− 128(80)」の不連続点を除けば、数の大小関係は、時計回りに大きくなることが分かります。
　また、「0」から「1」を引くと「− 1」になるということについても、この図から、そうなることは明白です。

*

　どうですか。コンピュータで「負の数」を扱うということは、ちょっと変

わった解釈をしなければならないことが理解できたでしょうか。
　このことにより、8ビット（1バイト）で表わされる数の範囲は、「－128」から「+127」までということになるのです。

＊

　なお、これは、数の範囲を8bit（1バイト）で扱う場合の話です。
　これを16ビット（2バイト）で扱う場合も考え方は同じになります。

　その場合は、境界にくる数値は、「+127」や「－128」ではなくなり、こんどは、「7FFF（16進）＝＋32767（10進）」であり、「8000（16進）＝－32768（10進）」となります。

0.4　「C言語」プログラムのスタイル

　これから、いよいよ「C言語」を使って「PIC」を動かすプログラミングを行なっていきますが、最初に、「C言語」に共通する基本的な事項について説明します。

■「C言語」のプログラムは小文字で書く

次のプログラムを見てください。

```
void main( )
{
  int i;
  for(i=0;i<10;i++){
    :
    :
  }
}
```

　よく見る、典型的な「C言語」のプログラムスタイルです。
　パッと見て分かることは、記述がアルファベット小文字であることです。
　ですから、次のように書くことはありません。

[0.4]「C言語」プログラムのスタイル

```
VOID MAIN( )
 {
   INT I;
   FOR(I=0;I<10;I++){
      :
      :
   }
 }
```

これは、記述スタイルの流儀なので、一般的な流儀に従って書いてください。

最初は、そのような部分の理屈にはこだわらないほうがいいでしょう。

なぜなら、本質はそのような部分にはありませんから…。

■「C言語」では適当な字下げを行なって書く

先ほどの典型的な「C言語」のプログラミングスタイルでは、適当な「字下げ」を行ないながら書かれていたことに気付いたでしょうか。

この字下げは、必ず行なわなくてはいけないものではなく、極端に書けば、次のように書いてもエラーにはなりません（「：」には、何かしらの命令語が入る）。

```
void main( ) {int i;for(i=0;i<10;i++){  :  :  } }
```

このように書くと、「行が節約できて、いいのではないか？」と思われる方もいるかもしれませんが、見やすくはありません。

*

次のように書いても同様です。

```
void main( ) {
int i;
for(i=0;i<10;i++){
:
: }}
```

つまり、「すべて行頭から書き始める」というスタイルです。

「PICマイコン」を学習するための基礎知識

これも、絶対にやりません。こんな書き方をしたら、「あー、C言語の書き方を知らないんだ！」となります。

もちろん、動作には影響しないのですが、とにかく、プログラムの見やすさを重視した、「C言語の書き方の流儀」には、従ったほうがいいでしょう。

■ 書き方の流儀が複数あるものもある

しかし、中には、次の例のように、複数の書き方が存在するものもあります。

①
```
void main( )
 {
   int i;
   for(i=0;i<10;i++){
      :
      :
   }
}
```

②
```
void main( ){
   int i;
   for(i=0;i<10;i++)
   {
      :
      :
   }
}
```

それは、「{」の始まりの位置です。
「for」の場合、①のように条件式の（　）の後に書くパターンと、②のようにそれを改行して、次の行に単独で書くパターンです。

[0.4]「C言語」プログラムのスタイル

＊

これについては、好みのほうを選んで書けばいいでしょう。
ただし、その場合でもどちらかに統一すべきです。

■ コンパイルでエラーが出たら

プログラムを書き終えて、ソースプログラムをコンパイルすると、最初はたいていの場合、エラーが出ます。

エラーがある場合、コンパイラはどこの部分にエラーがあるかを教えてくれます。

残念ながら、コンパイラは英語圏で作られたものなので、日本語のメッセージは出してくれません。

しかし、英語のエラーメッセージとは言っても、それほど難解な英語で示されるわけではないし、エラーのある行を示してくれるので、慣れれば、誤り（バグ）を修正することは難しいことではありません。

> ※ なお、「Warning」は警告で、出なくなるようにするにこしたことはありませんが、とりあえず無視していても大丈夫です。
>
> 「error」は、解消するまでプログラムを正しく書き直さなくてはいけません。

＊

では、いくつかのエラーメッセージ例を「CCS-C コンパイラ」の場合と、「XC」の場合で示します。

「PICマイコン」を学習するための基礎知識

① 宣言していない変数を使ったときのエラー

・**CCS-C コンパイラ**(「int i;」の宣言をせずに、「for ループ」で使用した)

・**XC コンパイラ**(「int i;」の宣言をせずに、「for ループ」で使用した)

[0.4]「C言語」プログラムのスタイル

② 文法上の命令語スペルミス、関数名などのスペルミスなど
- **CCS-C コンパイラ** (delay_ms(1000); を delya_ms(1000); としてしまった)

```
16      while(1){
17          for(i=0;i<8;i++){
18              output_high(PIN_B0);//LEDを消灯
19              delya_ms(50);
20              output_low(PIN_B0);//LEDを点灯
21              delay_ms(100);
22          }
23          delay_ms(1000);
24      }
25  }
```

```
Output
PICkit 3 x  pic16f1827Err1 (Build, Load, ...) x
make -f nbproject/Makefile-default.mk SUBPROJECTS= .build-conf
make[1]: Entering directory 'C:/Users/□□□□/MPLABXProjects/pic16f1827Err1.X'
make  -f nbproject/Makefile-default.mk dist/default/production/pic16f1827Err1.X.production.hex
make[2]: Entering directory 'C:/Users/□□□□/MPLABXProjects/pic16f1827Err1.X'
gnumkdir -p build/default/production
gnumkdir -p dist/default/production
"C:\Program Files (x86)\PICC\CCSCON.exe"  out="build/default/production"  pic16f1827Err1.c +FM +DF +CC +Y=9 +EA +DF +LN +T +A +M
C:\Users\□□□□\MPLABXProjects\pic16f1827Err1.X\pic16f1827Err1.c:18:1:  Warning#203  Condition always TRUE
C:\Users\□□□□\MPLABXProjects\pic16f1827Err1.X\pic16f1827Err1.c:19:18:  Error#12 Undefined identifier  -- delya_ms
    1 Errors,  1 Warnings.
Build Failed.
nbproject/Makefile-default.mk:111: recipe for target 'build/default/production/pic16f1827Err1.o' failed
make[2]: Leaving directory 'C:/Users/□□□□/MPLABXProjects/pic16f1827Err1.X'
nbproject/Makefile-default.mk:90: recipe for target '.build-conf' failed
```

- **XC コンパイラ** (__delay_ms(1000); を _delay_ms(1000); としてしまった)

```
        ANSELA = 0x00; //デジタル
        LATB = 0xff;//LEDをすべて消灯
18      for(i=0;i<8;i++){
            LATB0 = 1;//LEDを消灯
            _delay_ms(50);
            LATB0 = 0;//LEDを点灯
            __delay_ms(100);
22      }
23
24      __delay_ms(1000);
25  }
```

```
Output
PICkit 3 x  pic16f1827XcErr1 (Build, Load, ...) x
make -f nbproject/Makefile-default.mk SUBPROJECTS= .build-conf
make[1]: Entering directory 'C:/Users/□□□□/MPLABXProjects/pic16f1827XcErr1.X'
make  -f nbproject/Makefile-default.mk dist/default/production/pic16f1827XcErr1.X.production.hex
make[2]: Entering directory 'C:/Users/□□□□/MPLABXProjects/pic16f1827XcErr1.X'
"C:\Program Files (x86)\Microchip\xc8\v2.00\bin\xc8.exe" --pass1  --chip=16F1827 -Q -G  --double=24 --float=24 --opt=+asm,+asmfile,-spe
pic16f1827XcErr1.c:20: warning: (361) function declared implicit int
"C:\Program Files (x86)\Microchip\xc8\v2.00\bin\xc8.exe" --chip=16F1827 -G -mdist/default/production/pic16f1827XcErr1.X.production.map
C:\Program Files (x86)\Microchip\xc8\v2.00\bin\picc --chip=16F1827 -G -mdist/default/production/pic16f1827XcErr1.X.production.map
Microchip MPLAB XC8 C Compiler (Free Mode) V2.00
Build date: May 27 2018
Part Support Version: 2.00
Copyright (C) 2018 Microchip Technology Inc.
License type: Node Configuration

:: warning: (1273) Omniscient Code Generation not available in Free mode
pic16f1827XcErr1.c:20: warning: (1464) number of arguments passed to function "_delay_ms" does not match function's prototype
:0: error: (499) undefined symbol:
    _delay_ms(dist/default/production/pic16f1827XcErr1.X.production.obj)
(908) exit status = 1
nbproject/Makefile-default.mk:131: recipe for target 'dist/default/production/pic16f1827XcErr1.X.production.hex' failed
make[2]: Leaving directory 'C:/Users/□□□□/MPLABXProjects/pic16f1827XcErr1.X'
nbproject/Makefile-default.mk:90: recipe for target '.build-conf' failed
make[1]: Leaving directory 'C:/Users/□□□□/MPLABXProjects/pic16f1827XcErr1.X'
```

第0章 「PICマイコン」を学習するための基礎知識

③ 配列が実装しているRAM容量で使用できる範囲を超えた場合

・CCS-Cコンパイラ

・XCコンパイラ

第1章

「PICマイコン」を学習するための準備

1.1 「PICマイコン」用「C言語コンパイラ」

■「C言語コンパイラ」とは

さまざまなタイプの「PICマイコン」に、目的となる動作をさせるためには、必ず、「マイコン・チップ」に「マイコン」に対する命令となるプログラムを書き込まなければいけません。

この方法には、大きく分けて、2つの方法があります。

① 「マイコン・チップ」に固有の「アセンブリ言語」を使う
② 「C言語コンパイラ」を使う

①「マイコン・チップ」に固有の「アセンブリ言語」を使う

①の方法は、「マイコン・チップ」の開発メーカーが提供しているものや、サードパーティが提供している、「マイコン」を動かすための命令を使って書くのです。

たとえば「7セグメント」に数字を表示するというプログラム例では、次のような感じになります（秋月電子が提供する拡張命令を使っています）。

```
include 16F84.h
        .osc hs
        .wdt off

        org         0ch

dat     ds   1
tim1    ds   1
tim2    ds   1
tim0    ds   2

        org         0
        goto        start
```

第1章 「PICマイコン」を学習するための準備

```
;------------------------------------------------
figdata  jmp    pc+w; ↓7segのセグメントパターン
                retw 77h,41h,6eh,6bh,59h,3bh,3fh,61h,7fh,79h
;                    0   1   2   3   4   5   6   7   8   9
;------------------------------------------------
start
         clr    rb
         mov    !rb,#0
         mov    dat,#0
main     mov    w,dat
         call   figdata
         mov    rb,w
         call   wait
         call   count
         goto   main
;--------------------------------
count    mov    w,#0
         add    dat,#1
         csne   dat,#10
         mov    dat,w
         ret
;--------------------------------
wait
         mov    tim0,#10
wa0      mov    tim1,#0ffh
wa1      mov    tim2,#0ffh
wa2      nop
         djnz   tim2,wa2
         djnz   tim1,wa1
         djnz   tim0,wa0
         ret
```

②「C言語コンパイラ」を使う

②の方法は、「C言語」のコンパイラを使って書く方法です。

「C言語コンパイラ」とは、「C言語」のルールに従って書いたプログラム（ソースプログラムという）を自動的に「マイコン」が解釈できる命令コードに変換してくれるプログラムです。

①のアセンブリ言語も、「アッセブル」という作業によって、「マイコン」が解釈できる命令コードに変換してくれるものですが、同様の動作をする次の「C言語」プログラムと比較してみてください。

[1.1]「PICマイコン」用「C言語コンパイラ」

```
//--------------------------------------------------
// 7segmento 表示プログラム 2018-9-1
// CCS-C コンパイラ
// programed by Mintaro Kanden
//--------------------------------------------------
#include <16f84a.h>
#fuses HS
#use delay (clock=20000000)
byte const disp_ptn[]={0x77,0x41,0x6e,0x6b,0x59,
                       0x3b,0x3f,0x61,0x7f,0x79};
main()
  {
    byte i;
        set_tris_a(0x00);
        set_tris_b(0x00);
        while(1){
            for(i=0;i<9;i++){
                output_b(disp_ptn[i]);
                delay_ms(500);
            }
        }
}
```

　それぞれの言語のルールが分からなくても、①よりも②のほうが、なんとなくでも、分かりやすい気がしませんか。

　実際に、両方の書き方を体験すると、断然、②の「C言語」を使う方法のほうが楽にプログラム開発をしていけます。
　なぜなら、②ほうが、英語の表記ではありますが、ある程度の意味が掴みやすいことと、プログラムの行数が少なくてすむためです。

*

　ただ、「C言語」とは言っても、世に出回っている「C言語コンパイラ」はたくさんあり、どれを使っても、「C言語」のルールに従っていれば、どれでも同じ書き方でいいかというと、そうではありません。
　あくまでも、基本的な部分については、パソコンで動作する「C言語」でも同様ですが、「マイコン」用の「C言語コンパイラ」となると、違ってきます。

*

　次のプログラムを見てください。
　異なる2つのPIC用の「C言語コンパイラ」で、「PIC16F1827」を使っ

第1章 「PICマイコン」を学習するための準備

た、「B0 ポート」に接続した LED を単純に点滅させるプログラムを書いてみました。

　1つは、「XC コンパイラ」(無償)、もう1つは、「CCS-C コンパイラ」(有償) です。

[XC の場合]

```c
#include <htc.h>
/* コンフィグ設定 */
__CONFIG(FOSC_INTOSC  & MCLRE_ON & WDTE_OFF);

#define _XTAL_FREQ   4000000   //4MHz
void main(void)
{
 OSCCON = 0x68;//4MHz
 TRISA = 0x0f;// 下位 4bit 入力
 TRISB = 0x00;// 全 bit 出力
 ANSELA = 0x00; // デジタル
   while(1){
        PORTB =~ 0x01;
        __delay_ms(100);
        PORTB = 0xff;
        __delay_ms(900);
    }
}
```

[CCS-C の場合]

```c
#include <16F1827.h>
#fuses INTRC_IO,NOMCLR
#use delay (clock=4000000)    //4MHz
void main(void)
 {
   set_tris_a(0xf); //下位4bit入力
   set_tris_b(0x0); //全bit出力
   setup_oscillator(OSC_4MHZ); //内蔵のオシレータの周波数を4MHzに設定
   setup_adc_ports(NOANALOG); //デジタル
   while(1){
     output_b(~0x1);
     delay_ms(100);
     output_b(0xff);
```

[1.1]「PICマイコン」用「C言語コンパイラ」

```
        delay_ms(900);
    }
}
```

「C言語」共通の条件ループ命令である「while(1)」の部分はほぼ同じですが、その中身や、「void main(void)」以前の初期設定部分もかなり異なることが分かります。

while(1){
　・・・・・
　・・・・・
　・・・・・
}

このことが意味するところは、「C言語コンパイラ」を使うと言っても、

どのコンパイラを使うかで、そのコードは異なってくる

ということです。

　コンパイラが異なれば、例で示したように、いくつかの部分を使うコンパイラに合わせて書き直さなければなりません。
　もちろん、慣れてきて、異なる部分がどんな意味をもった記述かが分かれば、書き直すこともそれほど難しいものではありませんが、最初は、なかなか難しいことなので、それぞれの解説書で示している「C言語コンパイラ」を使うことになります。

*

　ここで、ポイントになるのが、「無償のコンパイラ」を選ぶか、「有償のコンパイラ」を選ぶかということになります。

　一般的な傾向として、ハードにお金を出すのは、抵抗はありませんが、ソフトに何万円かのお金のを出すのには、かなり抵抗があります。

　たとえば、35000円のノートパソコンは、「安い」と思えますが、同じ金額の「C言語コンパイラ」は、私でも、「高い！」と思ってしまいます。
　できれば、ソフトという、実際に目に見えないものには、お金をかけたくないものです。

第1章　「PICマイコン」を学習するための準備

　しかし、よく考えてみれば、ノートパソコンを買っても、中のハードディスクやSSDにソフトが入っていなければ、ノートパソコンも何の機能も果たしてくれません。
　もちろん、画面すら映りません。

　そのことを考えれば、「ハード」も「ソフト」も等価と考えるべきです。

　プログラムを記述して、それを「マイコン」に書き込んで機能させることにおいても同様で、お金を出して購入したコンパイラには、相当な価値があります。

　なぜなら、ソフト開発の労力を格段に軽減してくれるからです。

　一言で言えば、

・無償のコンパイラは、ちょと使い方が難しい。
　どちらかというとプログラム中級者以上向け。

・有償のコンパイラは、初心者でも分かりやすい。
　中・上級者を含む、すべてのレベルの開発者向け。

ということになります。

　本書では、無償の「XCコンパイラ」と有償の「CCS-Cコンパイラ」の両方のプログラムを掲載しました。
　「C言語」の基礎の部分を書いたプログラムがほとんどなので、あまり違いは分からないかもしれませんが、本格的にプログラムをしていこうとすると、やはり有償のコンパイラを使ってプログラムを記述していくほうが、楽で分かりやすいことが多くなります。

　なお、Macの環境で学習する場合は、「CCS-Cコンパイラ」は「Mac版」のものはないので、「XCコンパイラ」で実行することになります。

[1.1]「PICマイコン」用「C言語コンパイラ」

■ CCS社の「C言語コンパイラ」

　CCS社のPIC用「C言語コンパイラ」には、使うチップの種類によって、製品は、次の4つに分類されています。
（ここでは、コマンドラインコンパイラについてのみ記述します）

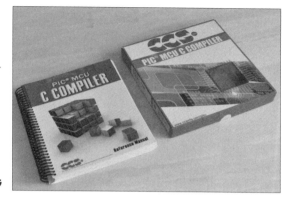

CCS-C コンパイラ

詳細は下記URLを参照

http://www.datadynamics.co.jp/ccscc/compilers.html

CCS C コンパイラ・コマンドライン製品

デバイス・ファミリー・対応 PIC チップ	名称	日本代理店価格
12bit　PIC10/12Fなど	PCB	9,000円
14bit　PIC10/12/16Fなど	PCM	24,000円
16bit　PIC18Fなど	PCH	30,000円
24bit　PIC24F/dsPIC30など	PCD	39,000円

　いずれも、国内においては、㈲データ・ダイナミクスで購入できます。もちろん、開発元のCCS社から直接購入することもできます。
　クレジットカードをもっていれば、それほど難しくはなく、インターネットでCCS社のサイトを開いて購入できます。

> ※ 為替レートが円高であればお得ですが、個人輸入になるので、輸入関税の支払い（1000円ちょっと）と、送料が「FedExp」などの航空便になれば1万円ほどかかります。
> 　私は、1ドルが80円ほどのときに購入したことがありますが、そのときは、送料や輸入関税を払っても、国内で購入するより安かった記憶があります。

第1章 「PICマイコン」を学習するための準備

＊

「PCB」「PCM」「PCH」「PCD」のどれを購入するかは、使うPICによって異なります。

たとえば、「14bit系」の「PIC16F＊＊＊」や「PIC12F＊＊＊」を使うのであれば、「PCM―」(24000円) を購入することになります。

もっと高性能のチップである、「PIC18F＊＊＊」であれば、「PCH －」(30000円) を購入することになります。

「PCB」は、安価ですが、使えるチップが「12bit系」の「PIC10/12F」に限定されているので、「12bit系」の「8PINタイプ」のチップだけでいいという場合以外は、あまりお勧めではできません。

やはり、「PCM」あたりを購入して始めるがいいでしょう。

＊

そして、もっと高性能なチップを使いたくなったら、その上の「PCH」や「PCD」を購入するといいでしょう。

私も、最初は、「PCM」から購入し、徐々にその上のチップを使いたくなり、買い足していったということでした。

＊

それら3つの製品の合計は、10万円近くになりますが、それを高額と思うかどうかは、そのコンパイラを使って作られた製品の価値がどれほどのものかということで決まってくるでしょう。

「入門だからそこまでは、お金をかけられない！」と思う人も多いと思いますが、記述の容易さから考えると、「初心者こそ、お金を出して使ってほしい」という気がします。

大金を出したと思えば、無駄にはしたくないという意識が働き、がんばって学習にも意欲が湧いてくると思います。

世の中の常識として、高いものには、それなりの価値があり、安いものには、それなりの理由がある場合が多いのです。

とは言え、今回は、無償で使える「XC」のプログラムを掲載しましたので、とりあえずは、無償の「XC」でやってみてもいいでしょう。

[1.2]「PICマイコン」用 PICライターと書込みソフト

1.2 「PICマイコン」用 PICライターと書込みソフト

次に、「PICマイコン」にプログラムを書き込むための「Writer」(ライター)について述べます。

「ライター」とは、パソコンで記述したプログラムを実際の「PICマイコン・チップ」に書き込むためのハードです。

かつては、秋月電子で販売している、「AKI－PICプログラマ」がよく使われてきました。

価格は5200円で現時点(2018-9月末)でも販売しているようですが、今後在庫がなくなった以降にも、販売を継続するかは未定です。

このライターは、書き込もうとする「PICマイコン・チップ」を基板上にあるICソケットに挿入し、専用の書き込みプログラム(PICプログラマ)を使って書き込むものです。

このライターと専用ソフトを使えば、ある程度の種類の「PICマイコン」にプログラムを書き込むことができます。

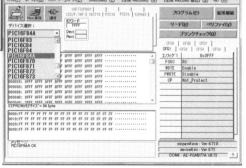

パソコンソフト
(PICプログラマ 4V6)

しかし、実際の「PICマイコン・チップ」の種類は何百種類もあり、このライターで書き込みに対応できるチップは限られていることもあり、今回

第1章 「PICマイコン」を学習するための準備

使用する「PIC16F1827」などには対応していません。

それでも、入門でアマチュアの人が使うには充分な種類のチップには対応はしていました。

また、基本的に対応できるのは、写真のような「DIPタイプ」の「PICマイコン」であり、面実装タイプの「SOPタイプ」には、アダプタを使って書き込まなければならないなど、不便な点もありました。

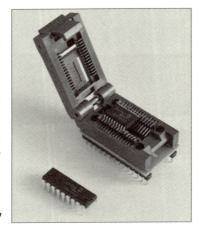

「DIPタイプ」と「SOPタイプ」アダプタ

そのようなこともあり、最近では、次のような「PICkit3」などのMicrochip社製のライターを使うことが一般的になりつつあります。

このライターの使い方の特徴としては、「PICマイコン・チップ」を開発する基板上に実装したまま、プログラムの書き込みができる点です。

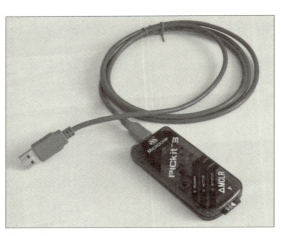

Microcip社純正PICkit3

このことによって、前述した秋月電子製の「PICライター」のように、チップをいちいち基板から外してプログラムする必要がないのです。

このことは、実際にやってみると分かるのですが、

> プログラムを書き換えるごとに、チップをライターに実装し、書き込みが終わるごとに、また基板に実装する

[1.2]「PICマイコン」用 PICライターと書込みソフト

という、面倒な手間がいらなくなり、開発効率が格段に向上するというメリットがあります。

■ MPLAB － X

また、この「PICkit3」を使うためのパソコンのソフトは、「マイコン・チップ」の製造元である Microchip 社が提供している、「MPLAB － X」を使います。

＊

「MPLAB-X」の役割は、①プログラムの入力、②設定したコンパイラでソースプログラムをコンパイル、③「マイコン」に書き込む実行プログラムを「PICkit3」に転送することです。

本書では、この「PICkit3」と「MPLAB-X」を使って学習していくことにします。

なお、この「PICkit3」の USB コネクタは、USB ハブではなく、充分な電流容量を得られるように、必ずパソコン本体に接続して使います。

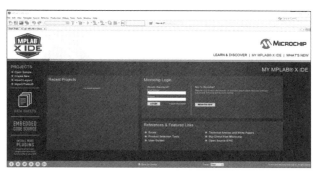

MPLAB-X 起動画面

第1章 「PICマイコン」を学習するための準備

1.3 「PICマイコン」「C言語」基礎学習のためのボード

　一般的に、「C言語」を体系的に学ぶときは、パソコン上で行なうことが多くなります。

　その際は、「マイコン」を使う上で必要な項目は一切含まれません。

　そのため、なかなか、「マイコンを使うときの「C言語」はどう書けばいいのか？」ということにスポットが当たらないのです。

学習ボード

　本書では、そのようなことにならないように、初めから、「マイコン」を動作させるための、プログラムとして、「C言語」を学んでいきます。

　そのプログラムが、正しいかどうかのチェックは、「マイコン」のプログラムにおいては、2段階必要になります。

＊

　まず第一段階としては、パソコン上で記述したプログラムに、「C言語」文法上のエラーがないことを確認しなくてはなりません。

　これは、パソコンに入れた「C言語コンパイラ」が行なってくれます。

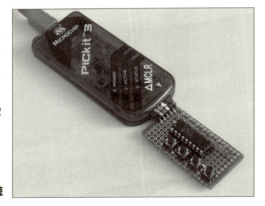

「PICkit3」と「学習ボード」の接続

＊

　第二段階としては、そのプログラムを「マイコン・チップ」に書き込んだあと、「マイコン」が期待どおりの動作をしてくれるかのチェックを行なわなくてはなりません。

[1.3]「PICマイコン」「C言語」基礎学習のためのボード

そのためには、チェックのための「マイコン・ボード」が必須になります。
「Arduino」や「RaspberryPi」などの「マイコン・ボード」は、市販されているので、その制作はキットの場合を除いて不要ですが、「PIC」でそれを行なうには、自分自身で、その「PICボード」を制作しなくてはなりません。
「それは、面倒だな、それなら、Arduinoなどの「完成マイコン・ボード」を買って使うほうがいいなあ」と思った方は、もちろんそうしてもかまいません。

この2つの方法のメリット、デメリットは、簡単に言えば、その「価格」とチップに「豊富なラインナップ」があるかどうかにあります。

「Arduino」のボードは、さまざまなものがありますが、2000円以上するものがほとんどです。
それに対して、「PIC」の場合は、「PICマイコン・チップ」(**PIC16F1827**)＋「基板」と「コンデンサ」や「ピンヘッダー」などの数十円の部品のみです。
今回、「C言語」学習用として制作するボードに使う部品は、次の表のとおりで、製作費はわずか378円です。

今回は、「**PIC16F1827**」を使うようになっていますが、「ヘッダーファイル」のチップの型番に依存する記述を変更すれば、「**PIC16F819**」も使うことができます。

PIC16F1827「C言語」学習ボード

部品名	型番	秋月電子通販コード	数量	単価	価格
18Pin PIC	PIC16F1827	I-04430	1	150	150
ICソケット	18PIN	P-00030	1	40	40
抵抗	510Ω	R-16511	8	1	8
積層セラミックコンデンサ	0.1μF	P-11701	1	10	10
φ3mmLED	OSR5JA3Z74A	I-11577	8	10	80
ユニバーサル基板	47×36mm	P-12171	1	40	40
L型ピンヘッダー	6ピン	C-05336	1	10	10
タクトSW	(色は自由)	P-03646	4	10	40
				合計	378

第 1 章　「PICマイコン」を学習するための準備

「Arduinoボード」と比較すると、1／5程度です。
　もちろん、機能も限られてくるものですが、初心者が新たなことを学習するときに重要なことは、多彩な機能よりも、できる限りシンプルのもので学習することなのです。
　多くのことをできるようにすると、それだけで何か難しいものだと感じてしまいます。

　では、今回使う「学習ボード」の回路図を示します。
　これぐらいシンプルであれば、作るのも容易だと思います。

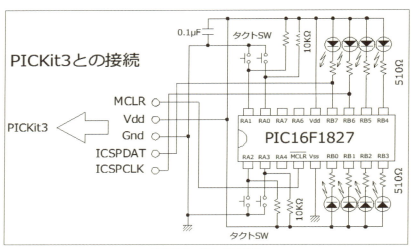

「学習ボード」の回路図

　できれば、今後のことも考慮して、「ユニバーサル基板」に部品をハンダ付けして作ることをお勧めします。
　ハンダ付けが苦手だという方は、「ブレッドボード」を使ってもいいでしょう。

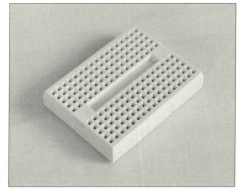

汎用のブレッドボード

1.4 「PIC-C言語」学習のために必要なもの・まとめ

これまで、学習を始めるに当たっての前段の話をいろいろとしてきましたが、まとめると、次のようなものを準備して始めることになります。

- OSにWindowsがインストールされているパソコン（メモリ4GB以上を推奨）
- CCS-C　¥25920（無償の「XCコンパイラ」を使う場合は不要）
- PICkit3　¥5000
- MPLAB-X（無償）
- 学習ボード（自作）　パーツ代　¥378

となります。

どうしても、「CCS-Cコンパイラ」を購入するのが厳しいという方は、Microchip社のXC（無償）を使うという選択肢もあります。

1.5 「CCS-Cコンパイラ」のインストール

「CCS-Cコンパイラ」を使う人のために、まず、「CCS-Cコンパイラ」をインストールするところを解説します。

購入したCDメディアをパソコンに挿入して、インストール作業を行なうだけです。

CDを挿入して起動すると、次のような画面になりますから、[Install]を選択し、以降表示される画面に従って進めていきます。

 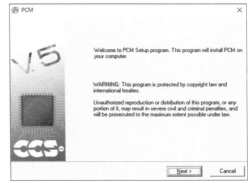

インストール

第1章 「PICマイコン」を学習するための準備

1.6 「MPLAB-X」のインストール

次に、「MPLAB-X」をインストールします。

[1]「MPLAB-X」のインストールは、次のURLから必要なファイルをダウンロードして行ないます（無償）。

また、無料で使える「XC8コンパイラ」も同時にインストールできるので、有償の「CCS-S」を使わずに行ないたい場合は併せてインストールします。

http://www.microchip.com/mplab/mplab-x-ide

[2] 次の、「MPLAB IDE X」のバージョン選択画面では、最新のものを選択してダウンロードします。

OSの環境によってダウンロードするファイルが異なります。
使っているOSから選びましょう。

Windowsの環境で行なう場合は、「Windows (x86/x64)」の欄の最新バージョンを選択します。

※「MPLAB-X」の新バージョンによっては、プログラムが正しくても、設定項目の値等の違いなどで、エラーが発生することがあります。

今回、私が実際に動作を確認したMPLAB-Xのバージョンは「4.15」です。

[1.6]「MPLAB-X」のインストール

> サイトからは、以前のバージョンのものもダウンロードできるので、もし、プログラムラムに誤りがないのに、コンパイルでエラーが出る場合は、「MPLAB-X」のバージョンは「4.15」を選択してみてください。
>
> なお、「XC コンパイラ」のバージョンは「2.0」で、動作を確認しています。

[3] 次の画面では［ファイルを保存］を選んで、「OK」を押します。

ファイルを保存

[4] そうすると、ダウンロードが始まり完了すると、次のような画面になります。ファイル名をダブルクリックします。

ファイル名をダブルクリック

[5]「MPLAB-X IDE v*.**」(バージョンは選択したもの) のセットアップが開始されます。
　表示される画面で［NEXT >］を押して最後まで進めてください。
(インストールには、15 分～ 30 分程度かかります)

[6]「MPLAB-X IDE」のインストールが終了すると、引き続き「XC コンパイラ」のインストール画面が出ます。
　無償の「XC コンパイラ」を使う場合はインストールしてください。

第1章 「PICマイコン」を学習するための準備

「XCコンパイラ」のインストール

1.7 プログラムの入力と「コンパイル」「書き込み」「実行」

　プログラムを作って、「マイコン・チップ」に書き込むには、まず、デスクトップにある「MPLAB-X」を起動します。

[1] 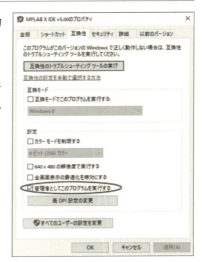 アイコンをクリックして起動します。

　ですが、その前に、アイコンを右クリックして、プロパティ画面を開き、「管理者としてこのプログラムを実行する」に必ず✓を入れておいてください。

「管理者として実行」に✓を入れる

　その後、ダブルクリックで「MPLAB-X」を起動します。

[2] そうすると画面に次のような表示になり、メニュー画面が表示されます。

46

[1.7] プログラムの入力と「コンパイル」「書き込み」「実行」

MPLAB-X 起動画面

MPLAB-X 起動後のメニュー画面

この画面から、実際にプログラムを入力するまでの手順を説明します。
方法はいくつかありますが、そのうちの1つの方法で行なっていきます。

■ プロジェクトの作成

PICのプログラムを作るときは、1プログラム1フォルダが生成されて、必要なファイルが自動的にそのフォルダ内で出来上がっていきます。

ですから、まず、行なうのは「新規プロジェクト」の作成です。

[1] 画面左上の [File] から [NewProject] を選びます。

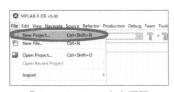

「New Project」を選択

第1章 「PICマイコン」を学習するための準備

[2] そうすると、次のようなウインドウが開きます。

この画面では、「Filter:」欄には、何も入れずに、[Standalone Project]を選択して、[Next>]を押します。

[3] 次に、「PIC」の「Device」を選びます（使うPICの型番）。
　まず、[Mid-Range 8-bit MCUs]を選んで、さらにその下の[Ddevice]から今回使う「PIC16F1827」を選び[Next>]を押します。

> ※「PIC16LF1827」という「LF（3.3V）タイプ」のチップもあるので、選択を間違えないようにしてください。

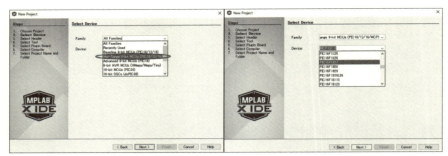

「New Project」を選択

[4]「Select Header」は[None]のまま[Next>]を押します。

[1.7] プログラムの入力と「コンパイル」「書き込み」「実行」

[5]「Select Tool」では、「PIKkit3」のシリアル番号を選んで[Next>]を押します。

シリアル番号は接続している「PIKkit3」のものです。

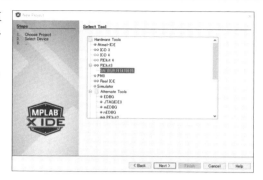

[6]「Select Compiler」では、使うコンパイラを選びます。

「CCS-Cを使う場合で、ここに、「CCS-C」が候補に表示されない場合は、次の手順で、「CCS-Cコンパイラ」を認識させてください。
(いったんProjectの新規作成を中止して行ないます)

「XC」を使う方は、[7]まで進んでください。

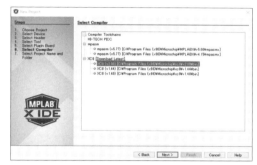

①「MPLAB-X」のメイン画面のメニューから、[Tools][Plugins]を選びます。

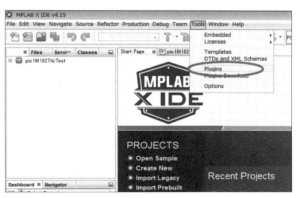

第1章 「PICマイコン」を学習するための準備

② 選択すると、次のようなウインドウが開き、「CCS-C」がインストールされていると、「CCS-C Plugin」という項目が表示されているので、その左側の□に✓を入れます。

そのあと、下の[install]のボタンを押します。

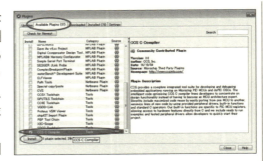

③ そうすると、さらに次のようなウインドウが出るので、[NEXT >]で進めます。

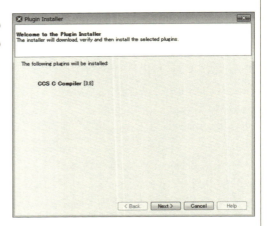

④ 次の画面では、✓を入れて、[Install]を押します。

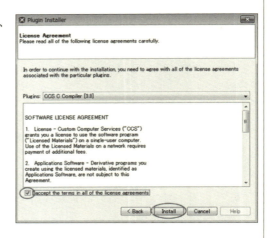

[1.7] プログラムの入力と「コンパイル」「書き込み」「実行」

⑤ そうすると、次のような警告画面が出ますが、「CCS-C」は問題ないので、[Continue]を押します。

⑥ そして、最終的に次の画面になれば、「Plugin」のインストールは終了です。

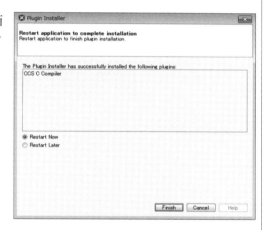

[7] 次の「Select Project Name and Folder」では、まず、「Project」に付ける名前を入れます。

たとえば、「**PIC16F1827**Prog0」というように、統一感のある名前にします。

第1章 「PICマイコン」を学習するための準備

また、「Encoding」の部分では、[Shift_JIS] を選んでください。
これを選ぶことで、コメント行に日本語が使えるようになります。

[8] そして、最後に [Finish] を押します。

これで、やっとプログラムを入力できる準備ができ、次のような画面になります。

[1] このプログラムを入力するには、最初の画面の大部分を占める [Start Page] は使わないので、「×」をクリックして消します。

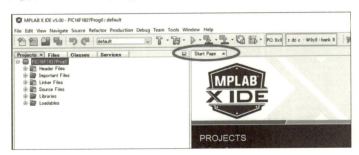

[1.7] プログラムの入力と「コンパイル」「書き込み」「実行」

[2] [Source] を右クリックして、[New] から [C Main File] をクリックします。

[3] そうすると、次のようなウィンドウが出るので、「File Name」は、特に不都合がなければ、プロジェクトで付けたときと同じ、「PIC16F1827Prog0」とします（私は、いつもそのようにしています）。

[4] Cのソースファイル名を入力したら、[Finish] を押します。

　ここまで、長い道のりでしたが、これで、ようやく、「C言語」のソースプログラムを入力する画面が表示されました。

　楕円で囲った部分が、プログラムを入力するエディター部分になります。

53

第1章 「PICマイコン」を学習するための準備

では、PICの「C言語」プログラムで、最も簡単と思われるプログラムを書いてみましょう。

パソコンの「C言語」でもっとも簡単なプログラムは、おそらく、

```c
void main()
{
   printf( "Hello World!\n" );
}
```

だったと思います。

ですが、残念ながら、PICで最も簡単な動作をさせるためのプログラムは、次のようなもので、パソコンのプログラムよりはずっと長いものです。

---

[1] エディターには、すでに10行程度のデフォルトソースが入力ずみですが、それは、無視(削除)して、次のプログラムを入力してください。

> ※ なお「CCS-C」(有料のコンパイラ)と「XC」(無料のコンパイラ)の両方を示していくので、使うコンパイラのプログラムを入力してください。
> 異なるコンパイラ用のソースプログラムでは、まったく動作させることができないので、注意してください。

> ※ 空白(スペース)は必ず1バイト(半角)でなければいけません。
> 全角のスペースを入れると、
> 「Illegal C character in File 0x81」
> というエラーが出るので、これが出たら、指定された行のスペースを1つ1つ確認してください。
> この種のエラーは、最初は多く出ますが、見た目では分からないので、カーソルをスペースに当てて、←→キーで移動しながら探っていきます。

・**CCS-C　プログラム**

```c
//------------------------------------------------
// CCS-C LED 1秒点滅プログラム
// PIC16F1827 Clock 4MHz  Prog0
//------------------------------------------------
#include <16F1827.h>
#fuses INTRC_IO,NOMCLR
#use delay (clock=4000000)
void main()
  {
```

[1.7] プログラムの入力と「コンパイル」「書き込み」「実行」

```
    set_tris_a(0xf);  //a0～a3ピンを入力に設定
    set_tris_b(0x0);  //b0～b7ピンすべてを出力に設定
    setup_oscillator(OSC_4MHZ);//内蔵のオシレータの周波数を4MHzに
output_b(0xff);//LEDをすべて消灯
    while(1){
        output_low(PIN_B0);
        delay_ms(100);
        output_high(PIN_B0);
        delay_ms(900);
         }
}
```

・**XC プログラム**

```
//------------------------------------------
// XC LED 1秒点滅プログラム
// PIC16F1827 Clock 4MHz  Prog0
//------------------------------------------
#include <htc.h>
/*コンフィグ設定 */
__CONFIG(FOSC_INTOSC  & MCLRE_OFF  & WDTE_OFF);
#define _XTAL_FREQ  4000000   //4MHz
void main(void)
{
 OSCCON = 0x68;//4MHz
 TRISA = 0x0f;//下位4bit入力
 TRISB = 0x00;//全bit出力
  ANSELA = 0x00;  //デジタル
  LATB = 0xff;//LEDをすべて消灯
   while(1){
        LATB0 = 0;
        __delay_ms(100);
        LATB0 = 1;
        __delay_ms(900);
    }
}
```

[2] プログラムを入力し終えたら、次の画面のように、アイコンをクリックして、「コンパイル → リンク → マイコンへの書き込み」の一連の作業を行ないます。

第1章 「PICマイコン」を学習するための準備

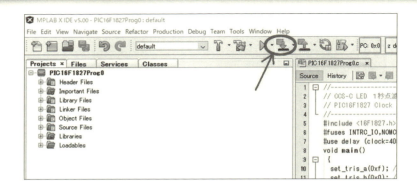

※ このときは、すでに、パソコンには製作した学習ボードを挿した「PICkit3」がUSBコネクタで接続されている必要があります。

パソコンに接続したPICkit3と学習ボード

[3] そして、エラーがある場合は、エラーのある個所のラインナンバーが表示されるので、訂正します。

　この段階では、動作することを確認しているプログラムなので、エラーが出るのは、入力ミスということになるので、丹念に、プログラムを見直してみてください。
　特に、前述した、2バイトの全角の空白は目で見ただけでは絶対に分からないので注意してください。

　エラーがなければ、最初は、次のような画面が出ます。

[1.7] プログラムの入力と「コンパイル」「書き込み」「実行」

　これは、PIC には、電圧が「MAX − 5V」のものと、「3.3V」のものがあるため、「PICkit3」から供給される電圧に注意を促すメッセージです。

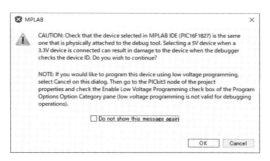

　当然「3.3V」の PIC に「5V」を加えれば破損します。
　今回使う「**PIC16F1827**」は「5V タイプ」なので、何の問題もありませんが、一応、その指定された型のチップが正しく基板のソケットに装着されているか確かめてください。
　誤って「3.3V タイプ」のチップがセットされていた場合、デバイス IC をチェックするときに破損する可能性があるので警告しているものです。

[4] 問題がなければ、[OK] を押します。

　そうすると、次のようなメッセージが赤字で画面の下のほうに出ます。

```
Target device was not found (could not detect target voltage VDD).
You must connect to a target device to use PICkit 3.
```

　これは、「PICkit3」に接続した基板の PIC に電源を供給していないために出るメッセージです。

[5]「PICkit3」から、接続した「学習ボード」に電源を供給する設定を行ないます。

　次の画面のように、○で囲った部分で、マウスを右クリックしてメニューを表示させます。

第 1 章　「PIC マイコン」を学習するための準備

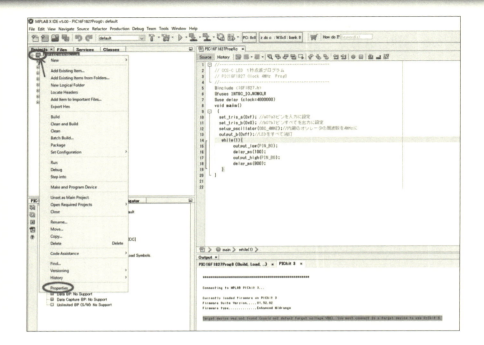

[6] 最も下にある、[Properties] 左クリックすると、次のような画面になるので、○で囲った [PIKkit3] を選んで左クリックします。

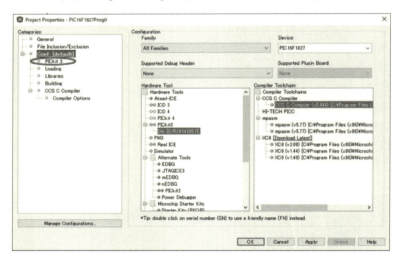

58

[1.7] プログラムの入力と「コンパイル」「書き込み」「実行」

[7]［Power］を選んでください。

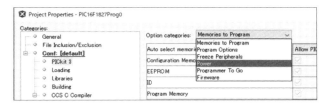

[8] 画面のように、✓を入れ、供給する電圧を選びます。

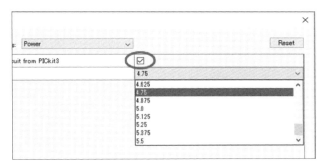

今回は、もちろん「5V」でいいのですが、まれに、電力不足が生じることがあるので、その場合は、「4.75V」ぐらいにしておくといい場合もあります。

覚えておいてください。

これで［OK］を押します。

[9] そして、再び、コンパイルのためのアイコン を左クリックします。

プログラムの入力を終えたら、必ず、［File］から［Save］してください。キーボードから［Ctrl + s］でも、保存できます。

保存された、ソースプログラムを含む、プロジェクトファイルは、後から、［File］から［Open Project］で、保存したときのプロジェクト名で読み出すことができます。

*

第1章 「PICマイコン」を学習するための準備

　なお、保存される場所は、使っているパソコンによって多少の違いはあるかもしれませんが、
「C:¥ユーザー¥kanda¥MPLABXProjects」の中に書き込まれます。
(「kanda」の部分は自分のユーザー名になっていることが多い)。

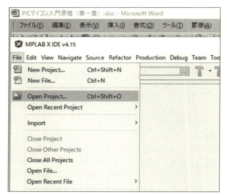

保存プロジェクトを読み込む

第2章
「C言語」プログラムの基礎

2.1 最初のプログラム

第1章で入力した「CCS-Cプログラム」について説明します。

■ コメント行

このプログラムで、まず「//」で始まる最初の行から4行は、「コメント行」と呼ばれ、このプログラムが何のプログラムであるかを記述するものです。

「//」以降は、プログラムとしては解釈されないので、私たちがいつも使っている日本語で書いてかまいません。

もちろん、この最初のコメント行は記述しなくてもいいのですが、記述するくせをつけておいたほうがいいでしょう。

自分が書いたプログラムでも、2、3日経つとほとんど忘れてしまうことも多いので、書いておかないと思い出すだけで多くの時間を取られてしまいプログラム開発の効率が悪くなります。

■「ヘッダーファイル」の取り込み

次の行の、

#include <16F1827.h>

は、使用するPICの型番の「ヘッダーファイル」を取り込むという記述です。

「ヘッダーファイル」とは、拡張子が「.h」で表わされる定義ファイルです。
「CCS-C」がインストールされているフォルダ(PICC)の中にある、「Devices」というフォルダ内に、「PCM」であれば、「PIC10F」や「PIC12F」「PIC16F」などの具体的チップ名のヘッダーが、何百と納められています。

*

第2章 「C言語」プログラムの基礎

　ちなみに、今回使う「PIC16F1827用」の「ヘッダーファイル」は、「16F1827.h」で、その中身は、「メモ帳」などで簡単に見ることができます。

　長いので、以下にその一部を示します。

```
//////////// Standard Header file for the PIC16F1827 device ////////////////
////////////////////////////////////////////////////////////////////////
////          (C) Copyright 1996, 2014 Custom Computer Services     ////
//// This source code may only be used by licensed users of the CCS C ////
//// compiler.  This source code may only be distributed to other     ////
//// licensed users of the CCS C compiler.  No other use, reproduction ////
//// or distribution is permitted without written permission.         ////
//// Derivative programs created using this software in object code   ////
//// form are not restricted in any way.                              ////
////////////////////////////////////////////////////////////////////////
#device PIC16F1827

#nolist
//////// Program memory: 4096x14   Data RAM: 368   Stack: 16
//////// I/O: 16    Analog Pins: 12
//////// Data EEPROM: 256
//////// C Scratch area: 77    ID Location: 8000
////////
Fuses:      LP,XT,HS,RC,INTRC_IO,ECL,ECM,ECH,NOWDT,WDT_SW,WDT_NOSL,WDT
////////
Fuses:PUT,NOPUT,NOMCLR,MCLR,PROTECT,NOPROTECT,CPD,NOCPD,NOBROWNOUT
////////
Fuses:BROWNOUT_SW,BROWNOUT_NOSL,BROWNOUT,CLKOUT,NOCLKOUT,NOIESO
//////// Fuses: IESO,NOFCMEN,FCMEN,WRT,WRT_800,WRT_200,NOWRT,PLL_SW,PLL
//////// Fuses: NOSTVREN,STVREN,BORV25,BORV19,DEBUG,NODEBUG,NOLVP,LVP
////////
```

[2.1] 最初のプログラム

```
#if (!defined(__PCM__)||defined(__ISNT_CCS__))
#define _bif
#define int8    char
#define int16   long
#define int32   long long
#define float32 float
#define int1    char

#endif
////////////////////////////////////////////////////////
///// I/O
// Discrete I/O Functions: SET_TRIS_x(), OUTPUT_x(), INPUT_x(),
//                         PORT_x_PULLUPS(), INPUT(),
//                         OUTPUT_LOW(), OUTPUT_HIGH(),
////////////////////////////////////////////////////////
///// INTERNAL RC
// Oscillator Prototypes:
_bif void setup_oscillator(int8 mode);
// Constants used in setup_oscillator() are:
// First param:
#define OSC_31KHZ    0
#define OSC_31250    (2*8)
#define OSC_62KHZ    (4*8)
#define OSC_125KHZ   (5*8)
#define OSC_250KHZ   (6*8)
#define OSC_500KHZ   (7*8)
#define OSC_1MHZ     (11*8)
#define OSC_2MHZ     (12*8)
#define OSC_4MHZ     (13*8)
#define OSC_8MHZ     (14*8)
#define OSC_16MHZ    (15*8)
// The following may be OR'ed in with the above using |
#define OSC_TIMER1   1
#define OSC_INTRC    2
#define OSC_NORMAL   0
// The following may be OR'ed in with the above using |
#define OSC_PLL_ON   0x80
#define OSC_PLL_OFF  0


////////////////////////////////////////////////////////
///// ADC
// ADC Functions: SETUP_ADC(), SETUP_ADC_PORTS() (aka SETUP_PORT_A),
//                SET_ADC_CHANNEL(), READ_ADC(), ADC_DONE()
```

第2章 「C言語」プログラムの基礎

```c
// ADC Prototypes:
_bif void setup_adc(int16 mode);
_bif int8 read_adc(void);
_bif int8 read_adc(int8 mode);
_bif int16 read_adc(void);
_bif int16 read_adc(int8 mode);
_bif int1 adc_done(void);
// Constants used for SETUP_ADC() are:
#define ADC_OFF               0                    // ADC Off
#define ADC_CLOCK_DIV_2       0x100
#define ADC_CLOCK_DIV_4       0x40
#define ADC_CLOCK_DIV_8       0x10
#define ADC_CLOCK_DIV_32      0x20
#define ADC_CLOCK_DIV_16      0x50
#define ADC_CLOCK_DIV_64      0x60
#define ADC_CLOCK_INTERNAL    0x30                 // Internal 2-6us

//ADC Prototypes:
_bif void setup_adc_ports(int32 pins);
_bif void setup_adc_ports(int32 pins, int32 reference);
_bif void set_analog_pins(int8 pin, ...);
_bif void setup_adc_reference(int32 reference);
_bif void set_adc_channel(int8 channel);
// Constants used in SETUP_ADC_PORTS() are:
// First argument:
// OR together desired pins
#define sAN0           0x000100     //| A0
#define sAN1           0x000200     //| A1
#define sAN2           0x000400     //| A2
#define sAN3           0x000800     //| A3
#define sAN4           0x001000     //| A4
#define sAN5           0x000040     //| B6
#define sAN6           0x000080     //| B7
#define sAN7           0x000020     //| B5
#define sAN8           0x000010     //| B4
#define sAN9           0x000008     //| B3
#define sAN10          0x000004     //| B2
#define sAN11          0x000002     //| B1
#define NO_ANALOGS            0     // None
#define ALL_ANALOG     0x001FFE     // A0 A1 A2 A3 A4 B6 B7 B5 B4 B3 B2 B1
  :
  :
```

このファイルの中身を見ることは、あとあと、大変意味深いものがあります。

[2.1] 最初のプログラム

そのチップで設定可能な、さまざまな値を知ることができるからです。

たとえば、今回使っている「PIC16F1827」の「内蔵オシレータ」の設定のためのパラメータ（OSC_4MHZ）などをすぐに確認できます。

4MHz の他にどのような設定ができるかなども、ここを見て知ることができます。

しかし、現時点で、このファイルの中身をすべてを理解しようとする必要はありません。

■ 設定の記述

次の行の、

`#fuses INTRC_IO`

は、いろいろな「マイコン」に対する設定の記述を行なうところです。

設定する項目はたくさんありますが、今回は、重要な2つだけを設定します。

*

①
INTRC_IO

これは、「マイコン」の基準クロックに、「内蔵オシレータ」を使うかどうかの記述です。

「内蔵オシレータ」を使わない方法として、「マイコン」の外部にクリスタルや「セラミック発振子」を付ける方法があります。

しかし、今回のように 18 ピンしかない「PIC」では、外部に発振子を付けてしまうと、それだけで、2 ピンを占有してしまうので、今回は、「内蔵オシレータ」を使う設定をします。

その他には、「HS」（ハイスピードクロック）や「LP」（ロースピードクロック）などの設定があります。

いずれも、外部にクリスタルなどを付ける必要があります。

*

第2章 「C言語」プログラムの基礎

```
②
NOMCLR
```

　これは、「マイコン」をリセットするための「MCLR端子」を有効にするか、無効にするかの設定です。

　今回は、「PICマイコン」に電源を入れたと同時に自動的にリセットする設定にするので、「無効」の設定にします。

　この設定で、この端子を「入力ポート」として使うことができます(今回は使いません)。

＊

　次の記述は、重要です。

```
#use delay (clock=4000000)
```

　これは、時間待ちをする関数「delay_ms( )」などを使う際、設定した時間が正確に機能させるために必要です。

　今回の記述では、クロックが「4000000」という値であるという設定になっています。

　これは、「4MHz」を意味します。

　つまり、「PIC16F1827」の場合、複数の内部オシレータの中から「任意の周波数」を選択できるので、「INTRC_IO」という設定で内部オシレータを使う設定に、「main関数」にある「setup_oscillator(OSC_4MHZ)」の記述で「4MHz」に設定すれば、それに合わせて変える必要があります。

　ちなみに、今回のプログラムでは、LEDが1秒に1回点滅します。

　この「4000000」という値を、たとえば、半分の「2000000」とかに設定すると、点滅するスピードが上がります。逆に、増やせば遅くなります。

　もちろん、そのような設定を通常でやることはありません。

＊

　ここまでの記述は、PICのチップを変えなければ、いつもほぼ同じ記述でいいと思ってもらってかまいません。

　ですから、新たなプログラムを書くときでも、ここは、コピー&ペーストでOKです。

[2.1] 最初のプログラム

■ main 関数

そして、いよいよ、「main 部分」の記述になります。

```
void main()
{
   :
}
```

この部分については、パソコンで記述する際と変わりません。
「main 関数」の記述になります。

```
set_tris_a(0xf); //a0～a3ピンを入力に設定
```

今回使う「**PIC16F1827**」は18ピンの「マイコン」なので、入出力ポートには、「a ポート」(a0~a7) と「b ポート」(b0~b7) の全16ポートになります。

「マイコン」で電子回路を組んで目的の動作をさせたいとき、「マイコン」が担うのは、この入出力ポートに電気信号を出力したり、しなかったり、または、入力ポートに外部の何らかから、信号を入れたり、入れなかったりすることで機能させていきます。

では、「16 ポート」あるうちの、どのポートが「出力ポート」で、どのポートが「入力ポート」かというと、そのどちらにも設定が可能なのです。

そして、その設定を行なうのが、この「set_tris_a(0xf);」の部分です。

「_a」部分は、ポートの指定になるので、この場合は、「a ポート」ということになります。

入出力の設定は、( ) 内に書いた数字を「2 進数」で解釈して、「0」のビットは出力に、「1」のビットは入力に設定するというルールになっています。

例1 8ビット全部を出力ポートにしたい場合

```
set_tris_a(0x0);
```

この場合「0x」とは、「16 進数」表記であることを意味します。
単に「0」と記述しても、同じですが、「2 進数」で解釈する慣習として、「16 進数」として記述します。

第2章 「C言語」プログラムの基礎

しかし、ここで重要なことを言わなければなりません。

「PICマイコン」の中には、数は多くはないのですが、入力ポートにしか設定できないポートが存在するものがあります。

「PIC16F1827」でも今回は使いませんが「RA5」では、入力ポート専用となっています。

例2 下位4ビットを「入力ポート」に、その他を「出力ポート」にしたい場合

```
set_tris_a(0xf);
```

以下に、上記2つの例の設定の仕方を図示します。

なお、2進表記が、4ケタで「,」で区切りを入れているのは、見やすくするためです。

そして、その「2進数4ケタ」が、「16進1ケタ」に相当します。

set_tris_a(0xf); における 0x8 の意味

ポート名	a7	a6	a5	a4	a3	a2	a1	a0
a0～a3を入力ポート その他のポートは出力ポートに設定	0	0	0	0	1	1	1	1

→

2進表記	16進表記	10進表記
0000,1111	0 x 0f	15

set_tris_a(0x3C); における 0 x 3C の意味

ポート名	a7	a6	a5	a4	a3	a2	a1	a0
a0,a1,a6,a7を出力ポート その他は入力ポートに設定	0	0	1	1	1	1	0	0

→

2進表記	16進表記	10進表記
0011,1100	0 x 3C	60

[2.1] 最初のプログラム

■ 関数

次に、

`output_b(0xff);`

についてです。

「output_b( );」のように、右側が小括弧（ ）になっているものは、「C言語」では、「関数」と呼ばれているものです。

＊

「関数」と聞いて、何を思い出すでしょうか。

数学の分野では、「2次関数」や「三角関数」などというものを聞いたことはあるでしょう。

それと同じようなものと思ってもらえばいいです。

つまり、何かの値を入れると、その関数独特の解釈がなされた値として返ってくる機能ということが言えます。

もっと身近なもので例えると、「自動販売機にお金を入れると、ジュースが出てくる」。

この場合の「お金」が（ ）内に投入したもの、そして「ジュース」は、その関数を実施した結果としての「動作」だったり、「数値」だったりします。

＊

この関数は、一般的な「C言語」に共通に使えるものだけでも1000以上の種類はあります。

そして、この「PICマイコン」プログラム作成で使うことにした「CCS-C」特有のものでも、何百という種類があります。

もちろんその1つ1つを最初から覚える必要はありません。

どのようなプログラムを作るかにもよりますが、よく使う一般的な関数は、せいぜい10種類前後です。

＊

説明が長くなりましたが、「output_b(0xff);」という関数は、

| （ ）内に記述した数値を、「bポート」に出力（output）する |

という関数です。

＊

「C言語」プログラムの基礎

「CCS-C」では、関数で記述しますが、「XC」では「LATB = 0xff;」というように「関数」ではなく「代入式」になっています。

「0xff」という表記は「16進表記」です。
これを「2進表記」にすると、「0xff → 1111,1111」になります。
ということは、各ポートへは、次のような電気信号の設定がされるということに他なりません。

ポート名	b7	b6	b5	b4	b3	b2	b1	b0
aポート	5V	5V	5V	5V	5V	5V	5V	5V

今回の回路で、上記のような信号を設定すると、どうなるでしょうか。

実は、電子回路をどのように組んだかによっても、その動作は異なってくるので、注意が必要です。

今回の回路では、「bポート」すべてに8本のLEDが付いています。
しかし、よく見ると、「マイコン」側が、「カソード」（マイナス端子）になっています。
そして、「アノード」（プラス端子）が、直接「Vdd」（＋5V）につながっています。

このような回路は、一見、「間違いではないか」と思われる人もいるかもしれませんが、間違いではありません。

もちろん、LEDの極性を反対にして、「アノード」（プラス端子）を「マイコン」の端子に接続する場合もあります。
結論的に言えば、「どちらでもよい」ということになります（厳密には、双方に違いはありますが…）。

そして、今回の回路のように組でいる場合は、「マイコン」側の端子を「0V」にすることで、LEDが点灯することになります。
したがって、「output_b(0xff);」という記述では、LEDの接続してあるすべてのポートが「5V」ですから、LEDはすべて消灯する設定であることが

[2.1] 最初のプログラム

分かります。
　8つすべてのLEDを点灯させるには、その逆（「0」と「1」を逆にする設定）の「output_b(0x0);」とします。

　前述したように、他にLEDを点灯させる方法としては、「マイコン」側の端子を「5V」にして点ける場合もあります。
　その場合は、「マイコン」のポート側をLEDの「アノード」にします。

■ 命令

　次の記述（while）が、一般的に「C言語」に共通の命令語になります。

```
while(1){
        output_low(PIN_B0);
        delay_ms(100);
        output_high(PIN_B0);
        delay_ms(900);
}
```

　「while命令」は、「条件ループ」と呼ばれ、（　）内に記述した条件が真（1）である間、「{」と「}」で囲まれた部分を繰り返し実行します。

　下のプログラムでは、（　）内には、「1」と記述してあります。

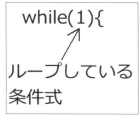

条件ループ

　これは、どういうことかというと、「1」という値は、何度ループを繰り返しても、「1」から変化することはないので、「このループは、永久に繰り返される」ということになります。

第2章 「C言語」プログラムの基礎

　実は、「マイコン」のプログラムでは、電源を切らない限り、装置全体が終わらないようにしなければならないため、たいていの場合、このような「while(1)」のような記述が存在します。

> ※ なお、「XC」のプログラムにおいては、この「while(1){ }」を記述しなくても、プログラムは終了しないようになっています。
> 　しかし、本来は、この（　）内には、ループを繰り返しているうちに値が変化することで、いずれは、このループを脱出するように書かれる場合が多いです。

*

次に、ループ内で繰り返される部分について説明します。

`output_low(PIN_B0);`

は、先ほどポート全体に値を出力した、「output_b(0xff);」という記述に似ていますが、こちらの関数では、値が出力されるのは、カッコ内に記述したポートのみです。

　上記の例で言えば、「b0 ポート」のみに、「low」は、「0を出力する」という意味になります。
　LED の「カソード」が、ポートにつながっているので、前述したように、「0」を出力することで、点灯することになります。

　逆に、

`output_high(PIN_B0);`

とすることで、LED は消灯します。

`delay_ms(100);`

は、時間待ちをする関数です。
　（　）内の 100 は、100m（ミリ）秒を表わします。
　ミリ秒なので、「0.1 秒」ということになります。

　この関数の後に LED を消灯させ、さらに時間待ちをするということを繰

[2.1] 最初のプログラム

り返せば、LEDが点滅動作をすることが理解できると思います。

　今回のプログラムでは、点灯時間が100m秒、で消灯時間が900m秒なので、「パッ、パッ」というように点滅を繰り返します。
「100」と「900」を逆に記述すると、「パーッ、パーッ」といった点滅になります。

[問題] 2-3-1

　上記プログラムで、LEDの点灯時間と消灯時間が同じになるようにして、1秒間の点滅をするようにしなさい。

[問題] 2-3-2

　上記プログラムで、点灯するLEDを「b2ポート」につながっているものにしなさい。

[問題] 2-3-3

　上記プログラムで、8個のLEDが、順次1個ずつ1秒間、点灯するようにしなさい。

第2章 「C言語」プログラムの基礎

2.2 「定数」「変数」「式」とは

　プログラムを作っていく過程では、「定数」「変数」「式」というものを頻繁に使うことになります。

　ここでは、その概念について説明します。

■ 定数

「定数」とは、その字の意味のとおり、「定まった数」ということになります。

　具体的には、数値では、「1」とか「131」などで、特徴としては、数値演算ができます。
　つまり、「1＋3」とか「100－24」などです。
　そして、それらの演算結果は、「4」「76」などとなります。

　また、ちょっと難しくなりますが、見た目に文字に見える「'a'」や「'G'」なども数値定数として扱います。
　その証拠に「'a'＋'G'」などの演算が可能です。
　そしてその結果は「97＋71＝168」となります。

　「a」が「97」で、「G」が「71」というのは、次のアスキーコード表を使うと、その数値（背番号）を読み取ることができます。
　なお、「アスキーコード表」は16進表記なので、「a」は「0x61」、「G」は「0x47」で、それを「10進数」で表わすと、「97」と「71」になるということです。

[2.2]「定数」「変数」「式」とは

ASCIIコード表

下位4ビット \ 上位4ビット	0	1	2	3	4	5	6	7	8	9	A	B	C	D	E	F
0	NUL	DLE	SP	0	@	P	`	p				ー	タ	ミ		
1	SOH	DC1	!	1	A	Q	a	q				ア	チ	ム		
2	STX	DC2	"	2	B	R	b	r			。	イ	ツ	メ		
3	ETX	DC3	#	3	C	S	c	s			「	ウ	テ	モ		
4	EOT	DC4	$	4	D	T	d	t			」	エ	ト	ヤ		
5	ENQ	NAK	%	5	E	U	e	u			、	オ	ナ	ユ		
6	ACK	SYN	&	6	F	V	f	v			・	カ	ニ	ヨ		
7	BEL	ETB	'	7	G	W	g	w			ヲ	キ	ヌ	ラ		
8	BS	CAN	(	8	H	X	h	x			ァ	ク	ネ	リ		
9	HT	EM	)	9	I	Y	i	y			ィ	ケ	ノ	ル		
A	LF	SUB	*	:	J	Z	j	z			ェ	コ	ハ	レ		
B	VT	ESC	+	;	K	[	k	{			ォ	サ	ヒ	ロ		
C	NP	FS	,	<	L	\	l	|			ャ	シ	フ	ワ		
D	CR	GS	-	=	M	]	m	}			ュ	ス	ヘ	ン		
E	SO	RS	.	>	N	^	n	~			ョ	セ	ホ	゛		
F	SI	US	/	?	O	_	o	DEL			ッ	ソ	マ	゜		

　「97 + 71 = 168」の「168」という演算結果の意味は、ほとんどありません。

　また、「'a' + 'G'」の結果は決して「aG」とはならないので、そのことは、少しだけ覚えておいてください。

　文字の演算で意味をもつのは、たとえば、アスキーコード表にある大文字の「A」と小文字の「a」のコード差は、「0x61 − 0x41 = 0x20」となります。
　つまり、大文字と小文字の差分は、「20（16進）= 32（10進）」あるということです。
　たとえば、「'B' + 32」の演算結果は、「b」ということになります。

　このことによって、アルファベットの「大文字」をアルファベット「小文字」に変換するには、アルファベット「大文字」に「32」を足せばいいということになります。

＊

　PICのプログラミングにおいても、「定数」は頻繁に使うことになります。

第2章 「C言語」プログラムの基礎

前述したプログラムにおいても、「output_a(0x0f);」の「0x0f」や、「while(1)」の「1」、「delay_ms(100);」の「100」などが「定数」になります。

■ 変数

「変数」は、やはり文字の意味どおり、「変わる数」ということになります。勝手に変わることはないので、厳密には、「変えることができる数」です。

変数名は、「Cコンパイラ」のルールに従って付けることができます。
一般的なルールとしては、アルファベットで始まる文字で、命令語になっているようなものや、「1, 20」などの数字は使えません。
また、記号で使えるものは「 _ 」(アンダーバー) などごく一部だけです。「!」や「#」「?」などのような記号は使えません。

例としては、「a,b,x,m」などのようなもの他、「a1,tanka,gokei」などのような単語はOKです。
単語の長さは、使う「Cコンパイラ」の種類によって許容される長さが決まっていますが、「XC」「CCS-C」の場合は、20文字の変数名でも問題なく使えました。

> ※「変数」に使うアルファベットは「大文字」でもかまいませんが、慣習的に「大文字は定数を表わすとき使う」というように決めている場合もあります。なので、できれば、「小文字」で設定したほうがいいでしょう。

また、関数の( )内に入れる場合(「引数」という)に定数しか許していない場合もあるので注意が必要です。

■ 式

「式」とは、「変数」や「定数」を組み合わせて作る「数式」のことです。

プログラムでは、実際に「マイコン」が動作することで、変数の値が変化して、さまざまな動きを適切に作っていくことができます。
そのためには、プログラム中に「変数」と「定数」を組み合わせた式を作ることが必要になってきます。

[2.2]「定数」「変数」「式」とは

たとえば、「a」という変数の値が、ループを回るごとに、「2, 4, 6, 8, 10・・・」というように、偶数で増加していくような式は、次のように書けます。

```
a=a+2;
```

> ※ ここまで、説明をしていませんでしたが、「命令語」や「関数」「式」の終わりには、必ず、「;」(セミコロン)を書くというルールがあります。忘れないでください。

「a=a+2」という式は、一見すると、「あれ？ ちょっとおかしいのでは？」と思う人もいるかもしれません。
数学的には、あり得ない式です。

なぜなら、「a=a+2」という式の左辺と右辺から「a」を引き算すると、「0=2」という矛盾した結果になってしまうからです。
「0」と「2」が等しいということはあり得ません。

では、なぜ、プログラムの世界では、「a=a+2;」というような式が存在するのでしょうか。
ここは、とても重要なことです。

プログラムにおいて、「a=a+2」の意味は、

> 現在の「変数 a」の値に「2」を加えて、その結果を左辺の a に再び代入する

ということなのです。

このことから、「a=a+2」を「a+2=a」と書くことは、あり得ません。
ですから、数学のルールとは異なるものだと思ってください。
プログラムにおける式では、「左辺の変数に右辺の式の値を代入する」という意味になります。

ですから、「定数」に代入するような、「2=a」などという記述もエラーになります。

第2章 「C言語」プログラムの基礎

「2」は「定数」であり、「変化できない数」ですから、当然です。
このことは、基本的ルールとしてしっかり頭に入れておいてください。

*

初心者がプログラムをマスターしようとするとき、ややもすると、そのプログラム言語の「命令語」や「関数」などにばかりに気を捉われてしまいますが、それと同等以上に重要なのが、この「式」を作ることにもあるのです。

たとえば「1, 3, 5, 7, 9, 11、・・・」と変化していくような式はどのよう書けばいいでしょうか。
これは、プログラム言語の世界ではなく、高校で学ぶ数学の「数列」というものになってきます。

ここに示した数列は、隣の数との差分がすべて「2」であることが分かります。
それが分かれば式は作れます（「n」は「0,1,2,3,4…」と変化）。
「a=2×n+1」となります。

実際にプログラムで、掛け算は「×」ではなく、「*」（アスタリスク）で記述するので、「a=2*n+1」と書きます。

[問題] 2-2-1

> 次のような数列の式を「変数a」に代入するように「n」を使って書きなさい。
>
> ① （n は 0,1,2,3,4,5・・・と変化）
>   0,2,4,6,8,10・・・・・
> ② （n は 0,1,2,3,4,5 と変化）
>   10,8,6,4,2,0
> ③ （n は 0,1,2,3,4,5,6,7・・・と変化）
>   0,1,4,9,16,25,36,49・・・

2.3 変数の型と宣言

次に、「変数の型」について説明します。
プログラム言語では、変数や定数を使います。
そして、それら2つを組み合わせて、式を作ることも学びました。

では、その変数で扱える数の範囲は、どのようなものでしょうか。
いくらでも大きな数を代入できるでしょうか。
また、マイナスの数も代入できるでしょうか。

数学の領域では、あまり、変数がとり得る範囲などを意識することはなかったと思いますが、プログラムでは、「数の範囲」は重要になってきます。

■ 数の範囲

コンピュータの内部は、「2進数」で扱われています。
そのため、私たち人間には、分かりづらい表現をしなければならない場合もありました。
少しでもその「2進数」を分かりやすく解釈するために、「16進数」に置き換えて表現する方法も学びました。
また、その「2進数」を「10進数」に変換することは、場合によっては、あまり意味をもたないことも理解できたと思います。

コンピュータの内部では、数を「2進数」に置き換えて記憶もしています。
記憶は、電気の「ある」「なし」で、半導体メモリに記憶されるので、その格納場所は、「1ビット」を8つまとめた、「1バイト」という単位で扱われます。

*

では、「2進数8ビット」で扱える数の範囲はどのようになるでしょうか。

簡単ですね。「0000,0000～1111,1111」です。
これを「10進数」に変換すると、「0～255」という数になります。
「1バイト」で扱える数は、この程度なのです。
一見するとものすごく少ないように思えますが、「マイコン」で扱う処理では、それほど大きな数を扱わなくてもいい場合が多く、それほど困ること

はありません。

文字を扱う場合でも、前に示した「アスキーコード表」に割り振られている文字は、「255」以下の数の背番号になっています。

■ 大きな数を扱う場合

では、もっと大きな数を扱いたい場合はどうすればいいでしょうか。

それは、「8ビット」から「16ビット」にすればいいのです。
このようにすることで、表現できる数は、「0000,0000,0000,0000～1111,1111,1111,1111」となります。

「10進数」に直すと、「0～65535」という数になります。
一般的には、とても中途半端な数に見えますが、コンピュータの世界では、重要な数字です。

■ 宣言

このことは、変数においても重要で、設定しようとする変数がとり得る数の範囲によって、「宣言」を行なわくてはいけません。

●int

たとえば、次のようにです。

```
int a;
```

この宣言は、「C言語」では、すべて「命令語」「関数」を使う前に、行なわなくていけません。
「命令語」「関数」が書かれた後では行なえません。

次の例で、①はOKですが、②のような記述はNGです。

[2.3] 変数の型と宣言

①
```c
void main()
  {
    int a;
    while(1){
      :
      :
    }
}
```

②
```c
void main()
  {
    int a;
    while(1){
      int b;
      :
    }
}
```

「int」は、どの「C言語」でも共通な、**「記述した変数を整数で扱う」**という意味ですが、そのとり得る範囲は、「C言語コンパイラ」の種類によって異なります。

パソコンの「C言語コンパイラ」では、「4バイト」(32bit) のものが多いですが、「PIC」(マイコン) 用の「C言語コンパイラ」では、「1バイト」のものが多いです。

しかし、同じPIC用のコンパイラでも、「PIC24系」「dsPIC」などは、「int」は「16bit」になっています。

この辺りは、大変紛らわしいところです。

*

パソコンの「C言語」に慣れた人が、「PIC12」「PIC16」系チップのプログラムで次のような誤りをしてしまうことは、珍しくありません。

```c
int a=300;
```

このようなことをすると、結果的にはオーバーフローするので、「a」という変数には、「300」ではない数値が設定されてしまいます。
しかし、コンパイラは、エラーを出さないことがほとんどです。

これを正しく書くと、次のようになります。

`long int a=300;`

または、単に、

`long a=300;`

と書きます。

PICの「C言語コンパイラ」の場合は、「long」はたいてい、「2バイト」です。

● float

変数で、「小数点」を扱うようにしたいときは、たとえば次のように宣言します。

`float a;`
`a=3.1415;`

「マイコン」のプログラムにおいて、小数を使わなくてはいけないケースは、決して多くはありません。
処理の過程の計算で使うことはあっても、最終的な出力では、「PIC」の「I/Oポート」に値を出力するだけですから、「整数」であることがほとんどになります。

● char

その他には、パソコンの「C言語」では、よく出てくる、

`char a;`

があります。
これは、1文字を扱うための1バイトの変数宣言ですが、PICでは、前述したように、int自体が1バイトであることがほとんどなので、違いは何か

[2.3] 変数の型と宣言

ということになります。

　結論から言えば、「同じ」です。
　ただ、「char」の場合は、明示的に、1文字（キャラクタ）を格納することを目的とします。

　しかし、PIC のプログラムにおいて使うことは、「char」を使って文字を扱うことはあまり多くはないかもしれません。
　なぜなら、液晶ディスプレーなどに、文字列を出力するようなプログラムでは使いますが、「モーター」を制御したり、「7セグ LED」を点灯させたりというような使い方では、文字を必要としないからです。

*

　パソコンの「C 言語」では、

```
char a='M';
    :
putchar(a);
```

というようなプログラムで、画面に「M」が表示されるというような場面がありますが、PIC では、「putchar 関数」の対象となるディバイスを付けていなければ、表示のしようもないのです。

　PIC では、「int」も「char」も同じ1バイト宣言なので、次のような宣言は結果的に同じです。

```
int  a=0x4d;
char c='M';
```

　何が違うかというと、「char」の宣言では、「cという変数が1文字を扱うのだ」ということ明示しているということです。
　それに対して、「int」の宣言では、「4d」が示す意味が、それを見ただけでは「数値としての意味の 77（「10進数」）なのか、M という文字のキャラクターコードなのかは、分からない」ということです。

　ちなみに、パソコン上の C プログラムで、次のように書いた場合は、いずれも同じ結果として、「M」の1文字が表示されます。

第2章 「C言語」プログラムの基礎

```
int  a=0x4d;
char c='M';
putchar(a);
putchar(c);
```

また、次の結果も同様で、それぞれ、「m」が表示されます。

```
int  a=0x4d;
char c='M';
putchar(a+32);
putchar(c+32);
```

2.4 「bポート」に「0」から「255」までの数値を出力

ここまで、だいぶ、解説が長くなってしまいました。
これまで、解説した内容を実際にプログラムを作って動かすことで、「C言語」の基本的な内容の理解を深めてみましょう。

これまで学んだ、「定数」「変数」「変数の型宣言」に加えて、「while」と並び、よく使われるループ命令「for」の使い方も学びましょう。

＊

では、次のプログラムを入力して、コンパイルし、PICに書き込んで実行してみます。
内容は、PICの「bポート」に、「0～255」に値が変化する「i」の値を単に出力するだけのものです。
これによって、LEDは、「0～255」に対応する「2進数」が表示されるはずです。

・CCS-C コンパイラ

```
//--------------------------------------------------
// CCS-C LED 0～255の「2進数」を表示するプログラム
// PIC16F1827 Clock 4MHz
//--------------------------------------------------
#include <16F1827.h>
#fuses INTRC_IO,NOMCLR
#use delay (clock=4000000)
```

[2.4]「bポート」に「0」から「255」までの数値を出力

```c
void main()
{
  int i;
  set_tris_a(0xf); //a0～a3ピンを入力に設定
  set_tris_b(0x0); //b0～b7ピンすべてを出力に設定
  setup_oscillator(OSC_4MHZ);//内蔵のオシレータの周波数を4MHzに設定
  output_b(0xff);//LEDをすべて消灯
   while(1){
      for(i=0;i<256;i++){
         output_b(i);
         delay_ms(500);
      }
   }
}
```

・XC コンパイラ

```c
//---------------------------------------------------------
// XC LED 「0」「から「255」の「2進数」を表示するプログラム
// PIC16F1827 Clock 4MHz
//---------------------------------------------------------
#include <htc.h>
/*コンフィグ設定 */
__CONFIG(FOSC_INTOSC & MCLRE_OFF & WDTE_OFF);
#define _XTAL_FREQ  4000000   //4MHz
void main(void)
{
unsigned int i;
 OSCCON = 0x68;//4MHz
 TRISA = 0x0f;//下位4bit入力
 TRISB = 0x00;//全bit出力
  ANSELA = 0x00;  //デジタル
  LATB = 0xff;//LEDをすべて消灯
  for(i=0;i<256;i++){
       LATB = i;
       __delay_ms(300);
  }
}
```

第2章 「C言語」プログラムの基礎

これらのプログラムには、一見誤りはないように見えますが、結果は期待どおりではなかったのではないでしょうか。

一般的な解説本では、最初から誤りのないプログラムを提示しますが、ここでは、あえて、一見誤りのなさそうなプログラムのようで、誤りのあるプログラムを提示していきたいと思います。

なぜなら、誤りのないプログラムは、考えがストレートに反映されていないものになるのも珍しくないからです。

最初にそのようなプログラムを見ると、かえって、意味が分からず、単に難しいものに見えてしまうだけだからです。

■ for文

さて、誤りのあるプログラムとは言え、「while」以降のプログラムを見ていきたいと思います。

新しく出てきた、「for 文」は、本当によく使う命令なので、しっかりマスターしましょう。

文法は下図のとおりです。

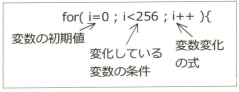

for 文

ループする範囲は、「{」と「}」で囲まれた部分になります。

> ※ なお、「{」や「}」の記述の位置は、絶対的な位置ではありませんが、なるべく、他の人の書いたプログラム慣習に従ったほうがいいでしょう。

● i=0

「for」のカッコ内の最初の、「i=0」は「int」で宣言された変数「i」の初期値を書きます。

もちろん、「0」でなければいけないということはありません。

[2.4]「bポート」に「0」から「255」までの数値を出力

変数の範囲内の数（この場合は、「0 〜 255」）ならば OK ということになります。

> ● i<256

次の「i<256」は、変数「i」は、次の式によってループを回るごとに変化していきますが、その変化の結果として、ここに書いた条件を満たしている間、「for ループ」は繰り返し処理を行ないます。

この場合、「i」が「256 未満」の間回るわけですから、「i が 255 までいく」ということになります。

> ● i++

次の「i++」は、「変数を変化させる」ための式です。

でも、「i++」なんて、初めて見ますよね。

「これが式？」と思われるかもしれませんが、「C 言語」では、これも立派な式なのです。

とは言っても、省略形なので、正式な書き方があります。

正式な式としては、「i=i+1」という意味です。

これは、前に説明しましたよね。

「i という変数の現在の値に 1 を足して、再び i に代入する」でした。

ただ、なぜ、それを「i++」と書くのか、ということですが、単純にそのほうが、「タイピングが少なくてすむ」ということと、「意味がパッと見て、分かりやすいから」ということです。

＊

今回は、変数の名前が「i」という 1 文字のものでしたから、いいのですが、もし、変数名が、「kandamintaro」などのような長いものだったらどうでしょう。

「そんな長い変数名は、普通付けないでしょう」と思う人もいるかもしれませんが、そんなことはありません。

普通に 10 文字を超える変数名なども使われます。

逆にそのようにすることで、その変数が何を表わしているのかを分かりやすくするという効果があるからです。

第2章 「C言語」プログラムの基礎

　もし、そのような長い名前だった場合、「kandamintaro++」を省略なしで記述すると、「kandamintaro=kandamintaro+1」となり、かなり見づらくなります。
　省略形で書くことには、ちゃんとした合理性があるのです。

＊

　元の変数名に戻して、「i++」は、「i」がループを1回まわるごとに、「1」ずつ増えていく、つまり、「i」は「0,1,2,3,4,5・・255」という変化をたどることになり結果的にループを256回まわることになります。
　その「256」が真ん中に来ることで、256回数指定して回ることが多いので、「for」を**「回数指定ループ」**と呼ぶことが多いのです。
　それに対して「while」は、**「条件指定ループ」**と呼ばれます。

＊

　しかし、「i」の変化を「＋1」ずつではなく「＋2」ずつにしたいときはどう書けばいいのでしょうか。
　それは、こう書きます。

```
for(i=0;i<256;i+=2){
```

　またまた、見たことのない、「i+=2」という記述が登場しました。
　これも省略形で、正式には「i=i+2」と書いてもよいのです。
　しかし、先ほどと同じ理由で、変数名が長い場合には、見づらくなるので、変数を1回だけ書くようにしたわけです。

　「でも、1回だけ書くなら、何で、i=+2としないの？」
　そう言われると思いました。
　でも、省略形として「i=+2」ではまずいのです。
　なぜだか分かりますか。次のようなことを考えてみてください。

・「i」の変化を初期値「10」から「0」まで、「2」ずつ減少させる

```
for(i=10;i>=0;i=－2){
```

　これを見て分かるように、「i=－2」という記述では、「i=i－2」という

[2.4]「bポート」に「0」から「255」までの数値を出力

意味にはならず、「i」に「−2」が代入され続けるだけになってしまうのです。
　そもそも、「i」「という変数は、マイナスを扱える変数宣言をしていない（マイナスを扱う型宣言は後で説明します）ので、その代入さえも誤っていることになります。

　そのようなことから、省略形の正しい書き方は、「i−=2」とすることに決めたのだと思います。

●{ }

「for文」の「{ }」で囲まれた部分が繰り返し実行される部分になります。

●output_b(i);

`output_b(i);`
は、PICの「bポート8ビット」に対して、「0」から「256」までの値を出力するという関数になります。
　I/Oポートの各1ポートずつにではなく、ポート全体に値を出力できる関数は便利で、使う頻度は高いものです。
＊
　しかし結果は、なぜかおかしいですね。
　実は、このようなときに、ぜひ、考えてほしいのは、自分が考えたプログラムの動作予想と、実際の結果の相違点で、どのような現象になっているのかをしっかり観察することです。

　「マイコン」を使ったプログラミングでは、必ずハードである、電子回路が存在します。
　そして、当然「マイコン」を動かすためのプログラムがあります。
　その双方の考え方が完全に一致して、初めて目的とする動作が得られることになります。
　正しい動きにならないとき、プログラムだけを見ていても答えが見つからないことも多くあります。
　もちろん、「ハードに誤りはない」ということが、前提でなければいけません。

第2章 「C言語」プログラムの基礎

しかし、だれかが、そのことを保証してくれるわけでもありませんから、うまく動かないときは、その双方を疑う必要があり、より大変な作業になってくるのです。

今回のハードは、非常に簡単ものですが、それでも、なかなか正しい動きにならないのです。

さて、どこがおかしいでしょうか。

ある人は、「LEDの接続が逆なんじゃないの？」と思った方がいたら、それは、ある意味正しいです。

しかし、今回の回路でも、問題はないのです。

今回の回路では、「LEDが接続されているポートをマイナスにすることで、点灯できる」ということを前に説明しました。

ポートをマイナスにするということは、データとしては、「0」を出力する（ちょっと変な表現ですが）ということです。

つまり、通常なら、LEDを点灯させるという概念は、「ポートに1を出力する」というものですが、プログラムはその逆で書かなくてはいけません。

もう分かった方もいると思いますが、「output_b( );」のカッコの中には、ビットを反転したデータを出力すればいいのです。

プログラムは次のようになります。

・CCS-C コンパイラ

```
void main()
 {
  int i;
  set_tris_a(0xf);  //a0～a3ピンを入力に設定
  set_tris_b(0x0);  //b0～b7ピンすべてを出力に設定
  setup_oscillator(OSC_4MHZ);//内蔵のオシレータの周波数を4MHzに設定
  output_b(0xff);//LEDをすべて消灯
   while(1){
      for(i=0;i<256;i++){
        output_b(~i);   //~はビットを反転させるビット演算子
```

[2.4]「b ポート」に「0」から「255」までの数値を出力

```
        delay_ms(500);
      }
   }
}
```

・XC コンパイラ

```
void main()
{
unsigned int i;
 OSCCON = 0x68;//4MHz
 TRISA = 0x0f;//下位4bit入力
 TRISB = 0x00;//全bit出力
  ANSELA = 0x00; //デジタル
  LATB = 0xff;//LEDをすべて消灯
   while(1){
    for(i=0;i<256;i++){
       LATB =~i;
       __delay_ms(500);
    }
   }
}
```

■「ビットシフト」「ビット演算」

ここで、また、新たな「C言語」の知識を学びましょう。
それは、「ビットシフト」「ビット演算」という概念です。

パソコンで「C言語」を学ぶと、この2つの概念は、取り上げられていないことも珍しくありません。
取り上げられていたとしても、章の最後のほうになっているのがほとんどです。
それは、パソコン上のプログラムでは、この概念を使うことが、あまり多くないと考えられているからかもしれません。
しかし、「マイコン」のCプログラミングでは、避けては通れない概念となっています。

第2章 「C言語」プログラムの基礎

考え方の概念は決して難しいものではありません。

●ビットシフト

「ビットシフト」とは、数値定数、または数値変数に対して、ビットを右や左に指定した回数シフトさせるものです。
これだけでは、分かりにくいので、図で説明します。

たとえば、「28」（10進）という数字を取り上げます。
これを「16進数」に変換すると、「28 ÷ 16 ＝ 1 余り 12」ですから、「1C」（16進）となります。

ここまで変換すれば、「2進数」への変換は容易です。
「1」は「0001」であり、「C」は「1100」だからです。
従って、「28」を「2進数」で表わすと、「0001, 1100」となります。
「2進数」の表記をするときに、便宜上、4ケタで区切るのは、そういう意味なのです。

*

シフトの話に戻しますと、この「28」という値を、左に 1 ビットシフトさせるとは、次のようにすることを言います。

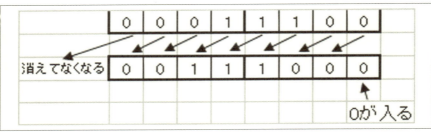

左に 1 ビットシフト

「それで何が起きるの？ どういうときにそれをやるの？」
という疑問の声が聞こえてきますが、何が起きるかということを単なる現象だけで言えば、「値が 2 倍になる」ということです。

シフトした結果は、「38」（16進）ということになりました。

[2.4]「bポート」に「0」から「255」までの数値を出力

　そして、「38」（16進）を「10進数」に直すと、「3×16+8 = 56」ということで、ちゃんと2倍になっていることが分かります。
　他の数でも試してみてください。必ず2倍になります。

> ※ ただし、「オーバーフローしない」という前提です。
> 　「オーバーフロー」とは、シフトしたことによって、「1」のビットが消えてなくなる場合です。

　現象だけとらえれば、「値を2倍したいときにやるの？」と言われそうですが、そんなケースは、あまりないかもしれません。
　なぜなら、2倍にするなら、掛け算で2をかけてやればいいだけですよね。

　では、どんなときにこのシフト命令を使うのかと言えば、「プログラマーが使いたいときに使う」となります。
　まったく答えになっていないような答えですが、これが答えです。
　どういうことかというと、「シフト命令」も、足し算や引き算、掛け算と同じ「数値演算」です。
　つまり、「シフトはどんなときに使うのか？」という質問は、「足し算はどんなときに使うのか？」という質問と同じなのです。
　「足し算は、足し算をしたいときに使う」としか答えようがありません。

　私たちの日常では、3個のリンゴと2個のリンゴを足すと何個になりますか。
　というように、小学校1年生から、足し算を日常の生活の中の場面を示して教えられます。
　ところが、「28個のリンゴを左に1ビットさせると、56個のリンゴになる」かと言えば、そんな手品のようなことはおきません。
　つまり、「シフト演算」は、私たちの日常では、遭遇しえない演算ということになります。

　ところが、「マイコン」を使う上では、なくてはならない演算なのです。
　このビットシフト演算の適用場面は、「マイコン」を使っていると、いろいろ出てきます。
　つまり、「ビットをシフトさせる」というのは、「数値に対して何か変化をさせよう」という場合よりも、「ポートへの入出力でつじつまを合わせたい」

第2章 「C言語」プログラムの基礎

ときなどに多くの活躍の場があります。

　なお、シフトをさせる方向は、右もあります。
　「右シフト」させると値は半分になりますが、やはり、そのような目的で使うことは、ほとんどありません。

●ビット演算

　通常の「足し算」「引き算」「掛け算」「割り算」を「四則演算」といい、私たちは、日常でよく使います。

　それに対して、「ビット演算」を使うことは、まずありません。
　なぜなら、「四則演算」が「10進数」でそのまま行えるのに対して「ビット演算」は、「2進数」の表記にしないとそのやり方の意味も分からないし、その結果も意味不明だからです。

　やり方は簡単です。
　ビット演算には、

・論理和（OR）
・論理積（AND）
・排他的論理和（EXOR または EOR）
・否定（NOT）

があり、「1」と「0」の足し算、掛け算をやるものと思えばいいでしょう。

　「四則演算」との対応表を次に示します。

「四則演算」対応表

		数学（論理）記号	プログラム演算記号	演算例 1#1	演算例 1#0
四則演算	足し算	+	+	2	1
	引き算	−	−	0	1
	掛け算	×	*	1	0
	割り算	÷	/	1	禁止

[2.4]「b ポート」に「0」から「255」までの数値を出力

ビット演算	論理和	OR	¦ ※1	1	1
	論理積	AND	&	1	0
	排他的論理和	EXOR	^ ※2	0	1
	否定 ※4	NOT	~ ※3	～	～

※1 キーボード右上の「¥」をシフトキーを押しながら表示

※2 キーボード右上の「^」

※3 キーボード右上の「^」をシフトキーを押しながら表示

※4 「否定」は、複数の数値に対する演算ではなく、単独の数値に対して行なう。たとえば「~28」など

「ビット演算」は、数値を「2 進数」表現したときに現われる「0」と「1」のビットごとの演算になります。

・AND

たとえば、「28 AND 9」という演算は、プログラムでは、

```
ans = 28 & 9 ;
```

のように記述します(この場合、「ans」という変数にその結果を代入するという例)。

手計算で行なう場合のやり方は、次のとおりです。

①「28」と「9」をそれぞれ、「2 進数」で表記します。
   28 → 0001,1100
    9 → 0000,1001
② 2 つの「2 進数」表記の各ビット(縦に)ごとの「0」または「1」の「掛け算」を行ないます。
③ 掛け算なので、双方が「1」の場合を除いて、結果は「0」になります。
   従って、「28 AND 9」の演算結果は、「0000,1000」となります。
   8(10 進)。

・OR

同様にして、「28 OR 9」を求めてみます。
こんどは「OR」ですから、各ビットの「足し算」になります。
繰り上がりはさせません。
ですから、双方のビットの一方または、両方が「1」の場合に「1」になります。
「0」になるのは、双方が「0」のときだけです。

したがって、「28 OR 9」の演算結果は、「0001,1101」となります。
29（10進）。

・EXOR

続いて、「28 EXOR 9」を求めてみます。
こんどは「EXOR」ですから、各ビットいずれか一方が「1」のときに結果は「1」になります。
「0」になるのは、双方が「0」または「1」のときです。

したがって、「28 EXOR 9」の演算結果は、「0001,0101」となります。
21（10進）。

・NOT

最後に「否定」（NOT）ですが、この演算は、複数の数値に対して行なうものではなく、単独の数値に対して行なうものです。
その数値を「2進数」で表記したときの「0」と「1」のそれぞれのビットをすべて反転させるというものです。
「28」に対して、「~28」は、「0001,1100 → 1110,0011」になります。
227（10進）。

---

*

このように、ビット演算操作は、難しいものではありませんが、演算結果を数値的に見ても、それがどういう意味なのかは分かりません。
結論を言えば、結果には数値的な意味はありません。
ですから、パソコンの「C言語」では、あまり取り上げることがないのです。
実際の事例を出せないので、説得力に欠けるからだと思います。
しかし、「マイコン」を使う際には、利用頻度が高いので、しっかりマスターするようにしましょう。

今回のプログラムでは、「ビット演算」の1つである「〜」(否定) が必要だったのは、「b ポート」への出力がすべて反転になるからです。

2.5　さまざまな LED 点灯パターンプログラム

　さて、ここまでで、いろいろな「C言語の文法」や、「変数の型宣言」、「マイコン」でよく使う「ビットシフト」や「ビット演算」なども学びました。

　プログラムの作成能力を上達させるには、とにかく、いろいろなプログラム課題を自分で考えて作っていくことに尽きます。
　決して、「C言語」の命令を隅々まで理解したり、何千もある関数を学ぶことでもありません。

　大抵のプログラムは、あと少しの「C言語」命令を学ぶだけでほとんど書けると思ってもらっても過言ではありません。
　そのためには、たくさんの基本プログラム問題に取り組むことです。

　ここでは、たった8個の LED のさまざまな点灯パターンをプログラムしてもらいます。
　巻末には、「プログラム回答例」は載せていますが、最初はこれを見ずに完成させてもらいたいと思います。
　プログラムの作成能力を高めるためには、「自分で考えて書く」ということしかないのです。

[問題] 2-5-1

　右の LED (b0 につながっているもの) から順次、左に1個ずつ点灯していくプログラムを作りなさい。
　点灯時間は 0.5 秒とする (●が点灯)。

「C言語」プログラムの基礎

[問題] 2-5-2

　左のLED（b7につながっているもの）から順次、右に1個ずつ点灯していくプログラムを作りなさい。
　点灯時間は0.1秒とする。

●○○○○○○○ → ○●○○○○○○ → ○○●○○○○○
→ ○○○●○○○○ → ○○○○●○○○ → ○○○○○●○○
→ ○○○○○○●○ → ○○○○○○○●

[問題] 2-5-3

　右のLEDから順次左に1個ずつ点灯して、左の端まで点灯したら、右に戻るように点灯していくプログラムを作りなさい。
　点灯時間は、0.05秒とする。

○○○○○○○● → ○○○○○○●○ → ○○○○○●○○
→ ○○○○●○○○ → ○○○●○○○○ → ○○●○○○○○
→ ○●○○○○○○ → ●○○○○○○○ → ○●○○○○○○
→ ○○●○○○○○ → ○○○●○○○○ → ○○○○●○○○
→ ○○○○○●○○ → ○○○○○○●○ → ○○○○○○○●

[問題] 2-5-4

　右のLEDから順次LEDが点灯して左に伸びていくようにプログラムしなさい。
　伸びていく時間は、0.1秒ずつとする。

○○○○○○○● → ○○○○○○●● → ○○○○○●●●
→ ○○○○●●●● → ○○○●●●●● → ○○●●●●●●
→ ○●●●●●●● → ●●●●●●●●

[2.6] 判定文「if 〜 else」

[問題] 2-5-5

　左の LED から順次 LED が点灯して右に伸びていくようにプログラムしなさい。

　伸びていく時間は、0.1 秒ずつとする。

●○○○○○○○ → ●●○○○○○○ → ●●●○○○○○
→ ●●●●○○○○ → ●●●●●○○○ → ●●●●●●○○
→ ●●●●●●●○ → ●●●●●●●●

2.6　判定文「if 〜 else」

　次に、「C 言語」の命令では、たいへん重要な「if 〜 else」について解説します。

＊

　「if」は中学校の英語でも早い段階で習うので、意味を知らない人はいないと思います。

　「if」は「もし〜ならば」ということでしたね。

　プログラムの世界でも同じです。

　図示すると下図のようになります。

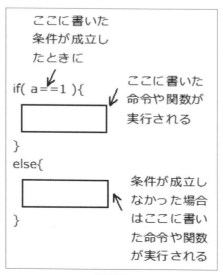

判定文

第2章 「C言語」プログラムの基礎

　重要なことは、「if」の（　）内に書く「条件式」です。
　たとえば、図の例にあるように「もし「変数a」の値が1ならば」そのあとの「{」と「}」で囲まれた部分の命令語や関数が実行されるということになります。

　そして、条件を満たさなかった場合は、「else」以降の「{」と「}」で囲まれた「命令語」や「関数」が実行されます。

　「else」は、必ず書かなければならいいというものではありせん。
　書かなければ、条件を満たさなかった場合、「if」の「{ }」以降の処理にそのまま流れていきます。

＊

　ここで、「あれ？」と思った方もいたのではないでしょうか。
　「aの値が1ならば」という条件式に、「＝」が2つになっていることです。
　これは、2つが正しいのですが、1つしか書かなくても、プログラムではエラーは起きません。
　もちろん、そのように意図的に書いて、意味をもつことはほとんどないと思われます。

　1つしか書かないとどういう意味になるかというと、

```
if( a=1 ){
```

は、「a」という変数に「1」が代入され、その結果は「真」（1）とみなされます。
　つまり、「if」の判定の前で、「a」の値がどんな値であれ、この部分で、「a」は「1」になってしまうということです。
　それでは、意図した結果にはなりません。

　プログラム最初の段階では、この誤りは珍しくないので、注意しましょう。

＊

　「aの値が1ならば」という条件があれば、「aの値が1に等しくなければ」というものがあることも、想像できます。
　次のように書きます。

[2.6] 判定文「if～else」

```
if(a!=1){
```

*

その他、「より大きい」「より小さい」などいくつかあります。
以下の表に示します。

条件式

	論理記号	条件例	意　味
左辺と右辺が等しい	＝＝	a==1	「変数a」が1に等しいとき
左辺と右辺が等しくない	！＝	a!=0	「変数a」が0でないとき
左辺より右辺が大きい	＜	a>0	「変数a」が0より大きいとき
右辺より左辺が大きい	＞	a<100	「変数a」が100より小さいとき
左辺より右辺が大きい	＜＝	a>=0	「変数a」が0以上のとき
右辺より左辺が大きい	＞＝	a<=100	「変数a」が100以下のとき
否定	！	！(a==0) (a!=0と同じ)	「変数a」が0に等しいでないとき

どれも、特に難しい解釈はないと思います。
ただ、最後の「否定」については、「なぜあるんだろう？」という疑問をもつかもしれません。

なぜなら、例にある「!(a==0)」は、「a!=0」と書いても同じだからです。
「C言語」では、同じ結果になる記述でも、複数の表現ができることは、命令語も含めてたくさんあります。

結果的には同じでも、そのどちらかで表現したほうがよりプログラマーの意図を明確に表現できる場合もあるのです。
そのことは、プログラムをたくさん作って経験を積んでいくと分かってきます。

*

では、さっそく、この「if文」を使ったプログラム例を実行してみたいと思います。

第2章 「C言語」プログラムの基礎

　今回行なうのは、「ボードに4個付いているタクトスイッチの1つを押したときだけ、「a0ポート」につないである LED が点灯する」というものです。
　さすがに、これだけ簡単なものだと、プログラム初心者のみなさんでも、すぐに書けるのではないでしょうか。

・CCS-C コンパイラ

```c
//-------------------------------------------------
// CCS-C  a0のタクトスイッチを押したら
//   b0のLED が点灯するプログラム
// PIC16F1827 Clock 4MHz
//-------------------------------------------------
#include <16F1827.h>
#fuses INTRC_IO,NOMCLR
#use delay (clock=4000000)
void main()
 {
  set_tris_a(0xf); //a0～a3ピンを入力に設定
  set_tris_b(0x0); //b0～b7ピンすべてを出力に設定
  setup_oscillator(OSC_4MHZ);//内蔵のオシレータの周波数を4MHzに設定
  output_b(0xff);//LEDをすべて消灯
  while(1){
     if(input(PIN_A0)==1){ //a0ポートのボタンが押されていなければ
       output_high(PIN_B0);//LEDを消灯
     }
     else{
       output_low(PIN_B0);//LEDを点灯
     }
  }
}
```

・XC コンパイラ

```c
//-------------------------------------------------
// XC   a0のタクトスイッチを押したら
//   b0のLED が点灯するプログラム
// PIC16F1827 Clock 4MHz
//-------------------------------------------------
```

[2.6] 判定文「if ～ else」

```c
#include <htc.h>
/*コンフィグ設定 */
__CONFIG(FOSC_INTOSC  & MCLRE_OFF & WDTE_OFF);
#define _XTAL_FREQ  4000000   //4MHz
void main()
{
 OSCCON = 0x68;//4MHz
 TRISA = 0x0f;//下位4bit入力
 TRISB = 0x00;//全bit出力
  ANSELA = 0x00; //デジタル
  LATB = 0xff;//LEDをすべて消灯
   while(1){
    if(RA0==1){//a0ポートのボタンが押されていなければ
        LATB0 = 1;//LEDを消灯
    }
    else{
        LATB0 = 0;//LEDを点灯
    }
   }
}
```

どうですか。以外に、簡単ですね。
このプログラムは、とりあえず、問題なく動作したのではないでしょうか。

しかし、疑問に思った人は多いと思います。
このプログラムでは、「一見、スイッチを押したとき（1のとき）に、点灯しないのではないか？」と思われることです。
コメントがなければ、「output_high」は「点灯」と勘違いしてしまいますが、前に、今回の学習ボードでは、その逆で「点灯しない」になることを説明しました。

しかし、実は、スイッチも回路を見れば容易に気付くのですが、押したときに「0」になって、押していないときに「1」になっているのです。
もちろんその逆に、押したときに「1」、押さないときに「0」という回路にすることもできます。
しかし、多くの回路では、そのようにしないのです。

第2章 「C言語」プログラムの基礎

　それは、なぜでしょうか。
　その答えは、「押したときに0になるほうが、動作が確実になるから」ということなのです。
　どういうことかというと、「マイコン」の入力端子においては、ある一定の電圧以上になったら「1」、それ以下なら「0」という判断をしています。
　そのしきい値を、「スレッショルド・レベル」と言います。

　もし、「マイコン」の入力ピンを解放（0Vを想定）にしておくと、そのピンに何らかの微小な電圧がノイズとして乗ることが懸念されます。
　もし、「スレッショルド・レベル」以上の電圧がかかってしまうと、スイッチが押されたという動作をしてしまうことになります。
　スイッチを押してもいないのに押されたという動作をしたら、大変なことになります。
　それが、モータの回転用のスイッチだったとしたら、事故が起きるかもしれません。

　ですから、そのようなノイズが入っても、誤動作しないようにするために、入力端子は、スイッチを押さない状態で、「1」になるようにしているのです。

　スイッチを押したときに「0」（0V）になるようにしておけば、ノイズが入っても、ノイズは「0V」（グランド）に流れていくだけなので、何の不都合も生じません。

＊

　また、スイッチを押さない状態では、そもそも1レベルに相当する電圧（たとえば「マイコン」電源電圧の5Vや3.3V）がかかっているのですから、ノイズが入っても、入らなくても「1」の状態は変わりませんから、問題がないということなのです。
　一般常識的には、スイッチは入れて「1」、切って「0」ということですが、「マイコン」では、その逆をやっているということが多いということです。

　そのような理由から、プログラムでは、「逆の逆は正」のようなプログラムになっていて、結果的には、常識的なプログラムを書いたら、そのままうまくいったということになりました。

[2.6] 判定文「if～else」

　　　　　　　　　　＊

　なお、プログラム記述の

`if(input(PIN_A0)==1){`

部分は、多くの場合、

`if(input(PIN_A0)){`

と書くことも多いのでこのような書き方にも慣れておくといいでしょう。

　この書き方は、

> 「input(PIN_A0)」の値が「1」ならば

と書いていることに他なりません。

　つまり、「input( )」は関数なので、戻り値を持ちます。
　「input( )」は、単純に（　）内に記述したポートが「1」なのか、「0」なのかが「戻り値」になります。
　ですから、「if」の条件式部分に直接書くことで、ポートが「1」ならば、「if」の「{ }」内を実行しますし、「0」ならば実行しないか「else」があれば、そちらの「{ }」内を実行するということになります。

　　　　　　　　　　＊

　では、プログラムの練習をしてみましょう。

[問題] 2-6-1

> 　変数「i」を「0」から「255」まで変化させて、「i」の値が「偶数」のときだけ、LEDを点灯（「2進数」で）させなさい。

[問題] 2-6-2

> 　変数「i」を「0」「から「255」まで変化させて、「i」の値が「奇数」のときだけ、LEDを点灯（「2進数」で）させなさい。

「C言語」プログラムの基礎

[問題] 2-6-3

　4つのタクトスイッチをそれぞれ1つ押したときに、それに対応する、「b0〜b3」に接続しているLEDが1つ点灯するようにしなさい。

[問題] 2-6-4

　4つのタクトスイッチをそれぞれ押したときに、それに対応する、「b0〜b3」と「b4〜b7」に接続しているLEDが点灯するようにしなさい。
（「b0」と「b3」が、「b1」と「b4」が・・・ペアで点灯するようにする）

[問題] 2-6-5

　4つの「タクト・スイッチ」を複数押したときに、それに対応する「b0〜b3」に接続している複数の「LED」が点灯するようにしなさい。

[問題] 2-6-6

　ボタンを押していないときは、LEDが右から左に1つずつ点灯し、ボタンを押すと、右から左にLEDの点灯が伸びていくように、「if文」を使って書きなさい。

2.7 「条件式」を複数設定する

　これまで、見てきたように、「if文」や「else文」の「条件設定」の部分には、1つの「条件式」を設定して使ってきました。
　しかし、プログラムを作っている中では、複数の「条件式」を設定したいときもあります。
　そのような場合は、いくつでも条件式を設定することができます。

　たとえば、次のような場合です。
「aは0以上で、かつ、aは100未満である」
　この場合は、次のように論理演算子「&&」（AND）を使って、「条件式」を複数設定できます。

```
if( a>=0 && a<100 ){
```

　「aは10未満であるか、または、aは100以上である」という場合は、論理演算子「||」（OR）を使って、条件式を複数設定できます。

　　※「|」はキーボードの右上「¥」の部分をシフトを押しながら押す。

```
if( a<10 || a>=100){
```

　ここで重要なことは、いかに正しい「論理式」が作れるかと言うことです。
　一見すると、複数の条件を絡めた式など、簡単に作れて、間違いなど起こさないと思いがちですが、けっこう人間は間違いを犯します。
　　　　　　　　　　　　　＊
　次のような例は、あまりしないとは思いますが、どこがおかしいか分かるでしょうか。

```
if( a<10 && a>100){
```

　これでは、条件にあてはまる数値は、そもそも存在しないことになります。

　ですから、この条件を満たした場合に実行する処理は、一度も行なわれないことになります。
　どんなプログラムにおいても、そのような記述はする意味がありません。

第2章 「C言語」プログラムの基礎

　この例などは、簡単なものですから、見ればすぐにおかしいと分かりますね。
　ところが、もっと多くの条件を絡めたときなどは、一見してその「条件式」そのものが、正しいかも分からないときがあるのです。

　言葉で表わすと、次のような例があります。

> 今回の応募の条件は、日本人ではあるが東京都民ではなく、男性でもない、5歳以上の子供でない人であり、または、これまでに東京を訪れたことのない人

　この条件の場合、「これまで、東京を訪れたことのある、京都に住む20歳の女性」は対象になるか。
　これは、なかなか判定するのが難しくなります。

＊

　プログラムでは、複数の「条件式」を絡めて、目的とする条件を作り、入ってきた状況を正しく判断して、処理をしなければなりません。
　設定されている「条件式」が誤っていれば、当然、入ってきた状況による処理を正しく実行できないことになってしまいます。

　複数の「条件式」を設定しなければならないときは、念には念を入れて、条件式をチェックする習慣を付けてください。

2.8 「while 文」を「if 文」のように使う

ここまでで、「if 文」の使い方にも、慣れたのではないでしょうか。

次に、「条件ループ命令」である「while 文」をあたかも「if 文」のように使うやり方について見ていきましょう。

＊

次のプログラムは、前に「if 文」を使って、タクトスイッチを押しているときだけ、「a0」の LED が点灯する、というプログラムを「while 文」で書いたものです。

・CCS-C コンパイラ

```
//------------------------------------------------
// CCS-C  タクトスイッチを押したら
//   b0のLED が点灯するプログラム
//   while版
//------------------------------------------------
#include <16F1827.h>
#fuses INTRC_IO,NOMCLR
#use delay (clock=4000000)
void main()
{
  int i;
  set_tris_a(0xf); //aポートの下位4bitを入力に設定
  set_tris_b(0x0);//bポートのすべてのピンを出力に設定
  output_b(0xff);//LEDの全消灯
   while(1){
      while(input(PIN_A0)){
         output_high(PIN_B0);//LEDを消灯
      }
      output_low(PIN_B0);//LEDを点灯
   }
}
```

・XC コンパイラ

```
//------------------------------------------------
// XC   a0のタクトスイッチを押したら
//   b0のLED が点灯するプログラム
//   while版
```

第2章 「C言語」プログラムの基礎

```c
//-----------------------------------------------
#include <htc.h>
/*コンフィグ設定 */
__CONFIG(FOSC_INTOSC  & MCLRE_OFF & WDTE_OFF);
#define _XTAL_FREQ   4000000   //4MHz
void main()
{
 OSCCON = 0x68;//4MHz
 TRISA = 0x0f;//下位4bit入力
 TRISB = 0x00;//全bit出力
  ANSELA = 0x00;  //デジタル
  LATB = 0xff;//LEDをすべて消灯
   while(1){
      while(RA0){
           LATB0 = 1;//LEDを消灯
      }
      LATB0 = 0;//LEDを点灯
   }
}
```

ちょっとだけ、プログラムが短くなりました。

それにしても、なぜこのプログラムで、「if文」を使ったときと同じ動作をするのでしょうか。不思議ですよね。

しかも、このような書き方は、「PIC」を動かすときには、むしろ、「if文」を使ったやり方よりも頻繁に使われているかもしれません。

---

① 「while文」は、( )内の条件を満たしている間は、ループし続けます。

　ですから、このプログラムでは、ボタンを押していないときは、ポートの値は「1」のままですから、ループを回り続けるわけです。

② ループ内の処理は、「LEDを消灯する内容」ですから、LEDは消えたままです。

　ところが、ボタンが押されると、ポートの値は「0」になるので、条件を満たさなくなり、ループを抜け出します。

[2.8]「while文」を「if文」のように使う

③ 抜け出すと、その先にある処理は、「LEDの点灯処理」です。
　ですから、「ボタンを押すと、点灯する」という、ごく自然のことが起きるだけです。

④ ボタンを押し続けていれば、「while」の条件を満たすことはないので、「while」内の処理は実行されないので、LEDは光り続けるということになります。

*

どうですか？
　言われてみれば、何の不思議もないプログラムです。しかし、聞かなければ、「if文」を使う方法しか思いつかないのではないでしょうか。

■ 失敗する例

では、この「while」を「if文」のように使う例で、「if文」を使った場合では、うまくいかない例を紹介します。

*

次のようなケースで見てみましょう。

ボタンを1回押すと、「a0ポート」のLEDが点灯し続け（ボタンを押し続けなくても）、もう一度ボタンを押すと、LEDが消灯する。

このようなスイッチを「オルタネイト・スイッチ」と呼んでいて、メカニカルなスイッチでは、よく使われるものです。
　今回の基板に付けてあるスイッチはこれとは対照的に、「押しているとき」だけONになる、「モーメンタリー・タイプ」のものです。
　このスイッチをソフト的に、「オルタネイト・スイッチ」のように機能させよう、というものです。

*

まず、「if」を使って書いてみます。
　変数には、ソフト的に現在のスイッチの状態がONなのかOFFなのかを示す、「sw」という変数を使います。
　「swが0のときOFF」「1のときON」を表わすことにします。

第2章 「C言語」プログラムの基礎

・CCS-C コンパイラ

```c
//--------------------------------------------------------
// PIC12F629オルタネイトスイッチ Program
//    「if文」を使った場合 その1    CCS-C
//--------------------------------------------------------
#include <12F629.h>
#fuses INTRC_IO,NOMCLR
#use delay (clock=4000000)
void main()
 {
   int sw;
   set_tris_a(0xf);
   set_tris_b(0x0);
   output_b(0xff);
   sw=0;//プログラムスイッチの状態はoff
   while(1){
       if(input(PIN_A0)==0 && sw==0){
           sw=1;
           output_low(PIN_B0);  //LEDを点灯
       }
       else{
           sw=0;
           output_high(PIN_B0); //LEDを消灯
       }
   }
}
```

・XC コンパイラ

```c
//--------------------------------------------------------
// PIC12F629オルタネイトスイッチ Program
//    「if文」を使った場合 その1    XC
//--------------------------------------------------------
#include <htc.h>
/*コンフィグ設定 */
__CONFIG(FOSC_INTOSC  & MCLRE_OFF & WDTE_OFF);
#define _XTAL_FREQ  4000000  //4MHz
void main()
```

[2.8]「while文」を「if文」のように使う

```c
{
    int sw;
    OSCCON = 0x68;//4MHz
    TRISA = 0x0f;//下位4bit入力
    TRISB = 0x00;//全bit出力
    ANSELA = 0x00;  //デジタル
    LATB = 0xff;//LEDをすべて消灯
    sw=0;//プログラムスイッチの状態はoff
    while(1){
        if(RA0==0 && sw==0){
            sw=1;
            LATB0=0;  //LEDを点灯
        }
        else{
            sw=0;
            LATB0=1;  //LEDを消灯
        }
    }
}
```

どうでしょうか。

プログラムとしては、すっきり書けていてよさそうなのですが、残念ながら、思ったようには動いてくれません。

動作は、「ボタンを押したとき」にしか、LEDは点灯しません。

どこに問題があるでしょうか。

*

このような簡単そうに見える課題でさえ、思ったようには動いてくれません。

その理由は、プログラムが動き出してすぐに、最初の「if」で条件を満たさないことになるからです。

なぜなら、「sw」の値は、「0」なのですが、スイッチは押されていない（スイッチは押されたときが「0」）からです。

条件を満たさないので、「else」に流れていきます。

「sw」は「0」のままです。

*

スイッチが押されると、「sw」も「0」なので、条件を満たし、LEDは点灯します。

第2章 「C言語」プログラムの基礎

しかし、スイッチから手を離せば、再び条件を満たさなくなるのでLEDは消灯してしまいます。
どうやら、根本的にプログラムのアルゴリズムが正しくないようです。

● プログラムの修正①

次のようにプログラムを修正しました。

> ※ これ以降は、「void main()」部分のみ記載しますが、「void main()」より前の記述は同じです。

・CCS-C コンパイラ

```
void main()
{
 int sw;
  set_tris_a(0xf);
  set_tris_b(0x0);
  output_b(0xff);
  sw=0;//プログラムスイッチの状態はoff
  while(1){
      if(input(PIN_A0)==0){
          sw=1;
      }
      else{
          sw=0;
      }
      if(sw==1){
          output_low(PIN_B0);//LEDを点灯
      }
      else{
          output_high(PIN_B0);//LEDを消灯
      }
   }
}
```

・XC コンパイラ

```
void main()
{
```

[2.8]「while文」を「if文」のように使う

```c
int sw;
OSCCON = 0x68;//4MHz
TRISA = 0x0f;//下位4bit入力
TRISB = 0x00;//全bit出力
ANSELA = 0x00; //デジタル
LATB = 0xff;//LEDをすべて消灯
sw=0;//プログラムスイッチの状態はoff
while(1){
    if(RA0==0){
        sw=1;
    }
    else{
        sw=0;
    }
    if(sw==1){
        LATB0 = 0;//LEDを点灯
    }
    else{
        LATB0 = 1;//LEDを消灯
    }
}
}
```

どうでしょうか。これでも、状況は変わりません。
原因は何でしょうか。

*

このプログラムでも、結局、「ボタンを押していない状況」では、「sw」の値はすぐに「0」になってしまい、「1」の状態が保たれたりはしません。

●プログラムの修正②

いきなり、プログラムを書いても、なかなか思った動作をしてくれるものではありません。
やりたいことを、きちんと、文書でまとめる必要があります。

① もし、「sw」が「0」で、かつ、ボタンが押されたら、「sw」を「1」にして、点灯させ続ける。
②「sw」が「1」の状態で、かつ、ボタンが押されたら、「sw」を「0」にして、消灯し続ける。

第2章 「C言語」プログラムの基礎

- **CCS-C コンパイラ**

```c
void main()
{
  int sw;
  set_tris_a(0xf);
  set_tris_b(0x0);
  output_b(0xff);
  sw=0;//プログラムスイッチの状態はoff
  while(1){
      if(sw==0 && input(PIN_A0)==0){ //swの状態は1になる
          sw=1;
      }
      if(sw==1 && input(PIN_A0)==0){ //swの状態はになる
          sw=0;
      }
      if(sw==1){
          output_low(PIN_B0);//LEDを点灯
      }
      else{
          output_high(PIN_B0);//LEDを消灯
      }
  }
}
```

- **XC コンパイラ**

```c
void main()
{
 int sw;
 OSCCON = 0x68;//4MHz
 TRISA = 0x0f;//下位4bit入力
 TRISB = 0x00;//全bit出力
 ANSELA = 0x00; //デジタル
 LATB = 0xff;//LEDをすべて消灯
 sw=0;//プログラムスイッチの状態はoff
  while(1){
      if(sw==0 && RA0==0){ //swの状態は1になる
```

[2.8]「while 文」を「if 文」のように使う

```
            sw=1;
        }
        if(sw==1 && RA0==0){  //swの状態はになる
            sw=0;
        }
        if(sw==1){
            LATB0 = 0;//LEDを点灯
        }
        else{
            LATB0 = 1;//LEDを消灯
        }
    }
}
```

どうですか？
こんどは、うまくいった（？）ように思えます。
でも、何か、動作が安定しないと思いませんか？

そうです。これで一見うまくいきそうに思うのですが、動作が安定しないのです。
それは、なぜかというと、人間がボタンを一瞬押したと思っていても、実は、「マイコン」の動きが速いために、押された状態で、「while ループ」を何度も回っていることになっているのです。

＊

このプログラムを見ていくと、ボタンが押された状態では、「sw」の値が、「0→1→0→1…」と次々変わっていくことが分かります。
ですから、手を離したときに、「sw」の値がどちらになっているかは不明だということです。
結果的に、うまくいっているように見えるときと、そうでないときに分かれたのです。

＊

これを回避するプログラムを「if」を使って書こうとすると、書けなくはありませんが、大変です。
しかし、勉強のために書いてみるのは、大きな意味があると思います。挑戦してみてください。

「C言語」プログラムの基礎

●動作を安定させるプログラム

　では、このプログラムを「while文」を使って書いてみましょう。
(まったく「if文」を使わない、ということではありません)。

・CCS-C コンパイラ

```
void main()
{
 int sw;
  set_tris_a(0xf);
  set_tris_b(0x0);
  output_b(0xff);
  sw=0;//プログラムスイッチの状態はoff
  while(1){
      while(input(PIN_A0));//ボタンが押されていない間ループする
      while(!input(PIN_A0));//ボタンが押されている間ループする

      sw%=2;
      sw++;

      if(sw==1){
          output_low(PIN_B0);//LEDを点灯
      }
      else{
          output_high(PIN_B0);//LEDを消灯
      }
  }
}
```

・XC コンパイラ

```
void main()
{
 int sw;
 OSCCON = 0x68;//4MHz
 TRISA = 0x0f;//下位4bit入力
 TRISB = 0x00;//全bit出力
```

[2.8]「while文」を「if文」のように使う

```
ANSELA = 0x00; //デジタル
LATB = 0xff;//LEDをすべて消灯
sw=0;//プログラムスイッチの状態はoff
 while(1){
     while(RA0);//ボタンが押されていない間ループする
     while(!RA0);//ボタンが押されている間ループする

     sw%=2;
     sw++;

     if(sw==1){
         LATB0 = 0;//LEDを点灯
     }
     else{
         LATB0 = 1;//LEDを消灯
     }
 }
}
```

 どうでしょうか。こんどはだいぶ安定的に動作しているのではないでしょうか（まだ、若干、完璧でないかもしれませんが）。

*

 このプログラムで重要な記述は、次の2行です。

while(input(PIN_A0));// ボタンが押されていない間ループする
while(!input(PIN_A0));// ボタンが押されている間ループする

 この記述は「マイコン」のプログラムでは、よく使います。

*

 最初の「while文」では、条件式に「input(PIN_A0)」と書いてあるので、この値が「1」のときは、ループからは抜けません。
 「input(PIN_A3) == 1」と書いても同じです。
 つまり「ボタンが押されていないとき」です。

*

 ループし続けますが、ループ内で実行することは、とりあえず何もないので、書いていません。
 その際には、「while（　）;」のように、最後に「セミコロン」だけを

第2章 「C言語」プログラムの基礎

書きます。

＊

そして、ボタンが押されると、条件を満たさなくなるので、ループを抜けて次の行に移ります。

ここで、喜んではいけません。

こんどは、ボタンが押されている間、同様のことをします。

なぜなら、ボタンが押されてすぐに処理してしまうと、「マイコン」の動作が速いので、またそれ以降の命令が何回も行なわれてしまうことがあるからです。

＊

次の「while」の条件には、「！input(PIN_A0)」に「！」を付けて「否定」しています。

つまり、「input(PIN_A0)==0」と記述したのと同じです。

これで、ボタンから手を離して、初めて次の処理が行なわれることになります。

＊

そして、また、何やら意味不明の記述が2行あります。

```
sw++;
sw%=2;
```

この記述は、「sw」の値を「0→1→0→1→0…」と繰り返すための方法の1つです。

「sw%=2」は「sw=sw%2」の省略形で、「%」は「余り」を求める演算です。

＊

2で割った「余り」は、「0」と「1」だけですから、「sw++（sw=sw+1）」を実行しても、「sw」の値は、「0」と「1」を繰り返すだけです。

この手法は、プログラムでは、非常によく使います。

「0」と「1」を繰り返すだけではなく、たとえば、「0,1,2,3,4」を繰り返すような場合にも応用できます。

「sw%=5」とすればいいわけです。

＊

もしこの2行で書かなければ、次のように書くこともできます。

[2.8]「while 文」を「if 文」のように使う

```
if(sw){
    sw=0;
}
else{
    sw=1;
}
```

ただ、この方法では、「0,1,2,3,4」のような場合には、「if」を使うことになり、少しだけプログラムは長くなります。

```
while(1){
    for(i=0;i<256;i++){
        d++;
        d%=5;
        output_b(~d);
        delay_ms(500);
    }
}
```

[問題] 2-8-1

> 上記のように「d」を「0,1,2,3,4」の値を順次繰り返すように、「if 文」を使って記述しなさい。

2.9 多方向分岐「switch( )〜case文」「do〜while文」

「if文」では、「設定した条件が成立したときに実行するルーチン」と「成立しなかったときに実行するルーチン」の2つのどちらかに分岐していくことができました。

*

しかし、プログラムでは、2つではなく、条件によって「3つ、4つ…」と分岐させたいこともあります。

そのようなときに使うのが、「switch〜case文」です。
その使い方を見ていきましょう。

・CCS-C コンパイラ

```
//--------------------------------------------------------
// CCS-C
//    switch case プログラム
//    PIC16F1827 Clock 4MHz
//--------------------------------------------------------
#include <16F1827.h>
#fuses INTRC_IO,NOMCLR
#use delay (clock=4000000)
void main()
 {
  int in,out;
  int data[]={1,3,7,15};
  set_tris_a(0xf); //a0~b3のピンが入力設定
  set_tris_b(0x0); //b0~b7のすべてのピンが出力設定
    while(1){
       output_b(0xff);
       while(in=(input_a() & 0xf),in==0xf) ;
       switch(in){
           case 0xe: out=0 ; break;
           case 0xd: out=1 ; break;
           case 0xb: out=2 ; break;
           case 0x7: out=3 ;
       }
       output_b(~data[out]);
    }
}
```

[2.9] 多方向分岐「switch( ) 〜 case 文」「do 〜 while 文」

・XC コンパイラ

```c
//-----------------------------------------------------
// XC
//   switch case プログラム
//   PIC16F1827 Clock 4MHz
//-----------------------------------------------------
#include <htc.h>
/*コンフィグ設定 */
__CONFIG(FOSC_INTOSC & MCLRE_ON & WDTE_OFF);
#define _XTAL_FREQ  4000000  //4MHz
void main()
 {
  int in,out;
  int data[]={1,3,7,15};
  OSCCON = 0x68;//4MHz
  TRISA = 0x0f;//下位4bit入力
  TRISB = 0x00;//全bit出力
  ANSELA = 0x00; //デジタル
  while(1){
      LATB = 0xff;//LEDをすべて消灯
      while(in=(PORTA & 0xf),in==0xf)      ;
      switch(in){
          case 0xe: out=0 ; break;
          case 0xd: out=1 ; break;
          case 0xb: out=2 ; break;
          case 0x7: out=3 ;
      }
      LATB = ~data[out];
  }
}
```

このプログラムでは、次の写真のように、押したボタンによって、「点灯するLEDの数」が変わる、というものです。

ボタン A , B , C , D

「C言語」プログラムの基礎

「Aボタン」では1個、「Bボタン」で2個、「Cボタン」で3個、「Dボタン」で4個のLEDが点灯します。

*

このプログラムでは、今までにない表現が出てきています。

```
while(in=(input_a() & 0xf) , in==0xf);
```

というものです。

この意味は、

> もし、ボタン(「input_a( )」で検知)の下位4ビットが「0xf」、つまりまったく押されていなければ、「whileループ」を回り続ける

ということです。

*

では、なぜこのような表現をしたのでしょうか。
ここでは、「input_a()」の「下位4ビット」の値を、「in」という「変数」に代入しています。

そして、その「in」という変数と「0xf」が等しいかどうかを判断しています。
これは、「カンマ演算子」を使った、よく使われる方法です。
通常は、「while」の( )内は、「条件式」なのですが、「条件式」以外の、「in=(input_a( ) & 0xf)」が入っているのが、今までにないパターンです。

*

では、この「in=(input_a( ) & 0xf)」を「条件式」の外に出せないのでしょうか。
つまり、次のようにです。

```
in=(input_a() & 0xf) ;
while(in==0xf) ;
```

こうなっていれば、分かりやすいですよね。

でも、これでは、だめなのです。
なぜなら、「while」に入ってしまってからは、「in」の値が変わらず、ボタンの状態を検知できないからです。

*

[2.9] 多方向分岐「switch( ) ～ case 文」「do ～ while 文」

では、次のようにしては、どうでしょうか。

```
while((input_a() & 0xf)==0xf) ;
```

「while ループ」の「条件設定」としては、OK で、どれかボタンが押されれば、ループを抜けてくれます。

それは、OK ですが、抜けた後に、そのボタンの状態によって場合分けする「switch case 文」にボタンの状態を渡せません。

■ do ～ while

では、次のようではどうでしょう。

```
while(in==0xf) {
  in = input_a() & 0xf ;
}
```

これは、うまくいきそうですが、やはりだめです。

いちばん最初に「while」に入ったときには、「in」の値が確定していないので、ループを抜けます（「in」の値が偶然「0xf」になっていない場合）。

抜ければ、その後も、「in」の値は確定しないので、思ったとおりにはいかないのです。

＊

これを打開するには、「while」のもう 1 つの使い方の「do ～ while」を使います。

次のように書きます。

```
do {
  in = input_a() & 0xf ;
}while(in==0xf);
```

これは、通常の「while」が、最初に必ず「条件式」をチェックし、満たしていないときは、ループを一度も実行しないのと異なり、とりあえず 1 回だけは無条件でループ内を実行するというものです。

この「do ～ while 文」を使ってプログラムを書き換えてみてください。

第2章 「C言語」プログラムの基礎

こんどはうまくいきます。

これで、「while」と「do～while」の違いも分かりましたね。

```
do{
  :
}while(in==0xff);
         ↑
      ループしている
      条件式
```

do～while 文

＊

本題に戻すと、結局のところ、

```
while(in=(input_a() & 0xf),in==0xf);
```

の表現を使わない場合は、「do～while」を使わないと、同様の表現ができないことが分かります。

この表現に慣れるには、少し時間がかかるかもしれませんが、大変重要な表現方法だということが分かります。

＊

さて、そのようにして、「ボタンの状態」を検知したら、その検知した値によって、実行文を変えることにします。

ボタンの状態は、押したときに「0」になる回路ですから、「a0」に付いている最下位のボタンを押すと「1110」（2進）で「16進数」では、「e」だということが分かると思います。

同様に、「a1」に付いているボタンは、押したとき「1101」（2進）で、「d」となります。

「switch　case 文」では、（　）内に書いた変数の値によって、それぞれの「case 文」に振り分けられます。

そして、「：」以降にそのとき実行したい「命令」や「関数」などを書きます。

```
switch(n){
  case □:・・・;break;
  case □:・・・;break;
  case □:・・・;break;
  case □:・・・;break;
  default :・・・;
}
    □にnの値が＊だっ
    たらの、＊が入る
```

switch　case 文

[2.9] 多方向分岐「switch(　)〜case文」「do〜while文」

● break ;

この「命令」や「関数」は、何行に渡ってもかまいませんが、必ず、最後に、

break ;

を書くことを忘れないでください。

　もし、書くのを忘れると、その下の行に流れて行なってしまいます（「case」の値が一致しなくても…）。

case 0x7: out=3 ;

の最後に、「break」がないのは、書かなくても、その下に実行するものが何もないからです。

　もちろん、書いても問題はありません。

● out

　そして、それぞれの「case」で振り分けられた先には、「out」という変数の値を決定する「代入文」があります。

　これによって、「出力するデータ」を配列から選択することになります。

＊

　今回登場した、「switch〜case文」と「do〜while文」は、よく使うので、実際のプログラムを作ることで、しっかり練習して身に付けてください。

> ※ なお、「n」の値が「case」で定義したどれにも当てはまらなかったときは、「default:…」に実行したい「命令」や「関数」を書きます。

[問題] 2-9-1

> 「Aボタン」を押したときは「右の2個のLED」が、「Bボタン」を押したときは「右の4個のLED」が、「Cボタン」を押したときは「右の6個のLED」が、「Dボタン」を押したときは「全LED」が点灯するようにプログラムしなさい。

2.10 1次元配列

ここでは、「配列」について学んでいきましょう。

*

この「配列」という概念も、「C言語」を学ぶ上では、避けて通れない重要なものです。

■「配列」とは

「配列」は、「変数」の一つです。
では、これまで学んだ「変数」とは、どのように違うのでしょうか。

たとえば、あるプログラムで、関連性のある変数が10個必要だったとします。

関連性があるので、次のように宣言をしたとします。

```
int a0,a1,a2,a3,a4,a5,a6,a7,a8,a9;
```

そして、これらそれぞれの「変数」に、次のような値を代入して使うことにします。

```
5,3,9,12,4,7,1,10,21,6
```

プログラムは次のようになるでしょう。

```
int a0,a1,a2,a3,a4,a5,a6,a7,a8,a9;
a0=5; a1=3; a2=9; a3=12; a4=4; a5=7; a6=1; a7=10; a8=21; a9=6;
```

これでも、たいていの場合は問題なくプログラムは書けます。
しかし、プログラム言語には、もっといい方法が用意されています。
「C言語」にも、もちろんそれがあり、それが「配列」と呼ばれるものです。

[2.10] 1次元配列

■ 1次元配列

[ ] が1つの配列を、「1次元配列」と呼んでいます。

「1次元配列」を使って、上記プログラムを書き換えると、次のようになります。

`int a[10]={5,3,9,12,4,7,1,10,21,6};`

[ ] で囲まれた部分の数字や式は、**「添え字」** と呼ばれています。

なお、このように具体的なデータで初期化した場合、次のように配列の「添え字」を省略することができます。

`int a[ ]={5,3,9,12,4,7,1,10,21,6};`

*

そして、「a0変数」に相当するのが、「a[0]」であり、以下「a1」は「a[1]」などに相当して、「a5」が「7」という数値を参照できるのと同様に、「a[5]」も「7」という数値を参照できます。

このほうがなぜ便利なのかというと、データ変数の数が多くなったときには、「a0、a1・・・・a100」のような方法では、データ宣言をするだけでも大変なことになるからです。

配列ならば、仮に100個のデータ変数をもちたいと思ったときでも、単に、

`int data[100];`

とすればOKです。

■ 「式」を割り当て

また、[ ] 内の数字は「式」として記述できるので、単に「定数」としての数字だけでなく、「2*n+1」などの「式」をあてることができます。

*

「通常の変数」では、数値部分に「変数」や「式」を記述することはできません。

「C言語」プログラムの基礎

これが、「配列」の大きな特徴であり、プログラムにおいては、なくてはならない存在なのです。

*

次のプログラムでは、「配列」に定義した「数値」に相当する「2進数」をLEDで表示するものです。

規則性のないような数値は、このように「配列」に定義して使うことで、プログラムのさまざまシーンに対応可能になります。

・CCS-C コンパイラ

```
//--------------------------------------------------------
// CCS-C LED 任意データパターン表示プログラム
// PIC16F1827 Clock 4MHz
//--------------------------------------------------------
#include <16F1827.h>
#fuses INTRC_IO,NOMCLR
#use delay (clock=4000000)
void main()
 {
  int i;
  int data[10]={5,3,9,12,4,7,1,10,21,6};
  set_tris_a(0xf);  //a0~a3ピンを入力に設定
  set_tris_b(0x0);  //b0~b7ピンすべてを出力に設定
  setup_oscillator(OSC_4MHZ);//内蔵のオシレータの周波数を4MHzに
  output_b(0xff);//LEDをすべて消灯
  while(1){
      for(i=0;i<10;i++){
        output_b(~data[i]);//配列のデータを表示
        delay_ms(500);
      }
   }
}
```

・XC コンパイラ

```
//--------------------------------------------------------
// XC LED 任意データパターン表示プログラム
// PIC16F1827 Clock 4MHz
//--------------------------------------------------------
#include <htc.h>
/*コンフィグ設定 */
```

[2.10] 1次元配列

```
__CONFIG(FOSC_INTOSC  & MCLRE_OFF & WDTE_OFF);
#define _XTAL_FREQ  4000000   //4MHz
void main()
{
int i;
int data[10]={5,3,9,12,4,7,1,10,21,6};

 OSCCON = 0x68;//4MHz
 TRISA = 0x0f;//下位4bit入力
 TRISB = 0x00;//全bit出力
  ANSELA = 0x00;  //デジタル
  LATB = 0xff;//LEDをすべて消灯
   while(1){
    for(i=0;i<10;i++){
       LATB = ~data[i];//配列のデータを表示
       __delay_ms(500);
    }
   }
}
```

[問題] 2-10-1

> 配列「data[10]」に、次のデータを定義して、「for ループ」を使って、0.5秒ごとに点灯させなさい。
>
> | 0x0,0x1,0x3,0x7,0x17,0x37,0xdc,0xf5,0xc8,0x3c |
>
> ※ ゼロエックス（0x）を付けるのは、「16 進数」であることを表わしている。
> （「0」や「1,3,7」は、付けなくても同じだが、他のデータとの共通性を明示的に示すため、あえて付けている）

*

　配列の最初の例では、「配列」の各「要素」（data[0] や data[1] などのこと）に、あらかじめ具体的な数を定義しました。

　しかし、必ずしも何らかのデータを定義しなければならない、ということはありません。

　つまり、次のように、要素数だけを決めて定義することも可能です。

int a[40];

131

第2章 「C言語」プログラムの基礎

この宣言によって、配列「変数 a [0] 〜 a[39]」までの 40 個の「配列」が使用可能になります。

＊

ここで、注意しなくてはいけないのが、**「配列」の「添え字」は、必ず「0」から始まる**という点です。

プログラムを書くときによく間違えるのは、「a[40]」という要素は使えないのに、「a[40]=56;」などと、確保していない「配列要素」に代入してしまうことです。

「C言語」では、このような誤った代入をしても「エラー」は出しません。

しかし、プログラムの動きが、まったく予期しないものになることが珍しくありません。

ですから、この種の誤りだけは、絶対にしないようにしましょう。

■ 初期化の必要性

また、必要な「配列要素数」を確保しただけでは、確保した各「配列要素」に、どんなデータが入っているかは、「不明」です。

＊

たとえば、次のようなプログラムを実行してみてください。

・CCS-C コンパイラ

```
//-------------------------------------------------------------
// CCS-C 初期化していない配列要素の表示
// PIC16F1827 Clock 4MHz
//-------------------------------------------------------------
#include <12F629.h>
#fuses INTRC_IO,NOMCLR
#use delay (clock=4000000)
void main()
 {
   int i;
   int a[10];//配列領域を10個分確保
   set_tris_a(0xf); //a0~a3ピンを入力に設定
   set_tris_b(0x0); //b0~b7ピンすべてを出力に設定
   output_a(0xff);//すべてのLEDを消灯

   while(1){
```

[2.10] 1次元配列

```
      for(i=0;i<10;i++){
        output_b(~a[i]) ;  //内容が不明な配列要素の表示
        delay_ms(500);
      }
   }
}
```

・XC コンパイラ

```
//----------------------------------------------------------
// XC LED 初期化していない配列要素の表示プログラム
// PIC16F1827 Clock 4MHz
//----------------------------------------------------------
#include <htc.h>
/*コンフィグ設定 */
__CONFIG(FOSC_INTOSC  & MCLRE_OFF & WDTE_OFF);
#define _XTAL_FREQ  4000000   //4MHz
void main()
{
int i;
int data[10];
 OSCCON = 0x68;//4MHz
 TRISA = 0x0f;//下位4bit入力
 TRISB = 0x00;//全bit出力
  ANSELA = 0x00;  //デジタル
  LATB = 0xff;//LEDをすべて消灯
   while(1){
     for(i=0;i<10;i++){
       LATB = ~data[i] ;  //内容が不明な配列データを表示
       __delay_ms(500);
     }
   }
}
```

このプログラムでは、どのような表示が行なわれるかは、まったく不明です。

ですから、「配列」は、使用の「宣言」をしただけでは、「0」が入っているという保証もないので、もし、「0」を前提に使うのであれば、きちんと初期化する癖をつけるようにしましょう。

第2章 「C言語」プログラムの基礎

ちなみに、全要素を「0」にするには、次のように書けば簡単です。

```
int a[10]={0};
```

■ 配列要素

さて、「配列要素」はどれぐらいまで取れるのでしょうか。
「a[100];」なども可能でしょうか。

        *

これは、使う「PICマイコン」の種類によって決まります。
通常、「変数」や「配列」は、「RAM領域」に取られるので、それは使用可能なRAMの容量で決まります。

今回使った「**PIC16F1827**」のRAMは「384バイト」あります。
これを多いと思うか、少ないと思うかは、使う人によると思います。

目的のプログラムを作るために、これで足りないようであれば、容量のもっと多い「PIC」を選ぶ必要が出てきます。
20ピンタイプにはなりますが、「PIC16F1829」は1024バイトのRAMをもっています。

■ プログラムメモリ領域

この、RAM領域に取られた「変数」や「配列」は、プログラム動作中でも、その値を変更することができます。
当然と思うかもしれませんが、プログラム動作中に変更できないメモリエリアもあります。
それは、プログラムそのものが書き込まれているエリアで、「プログラムメモリ領域」と呼ばれています。

        *

プログラムはプログラム動作中に書き換えることは、普通あり得ないので、問題はありませんが、この領域をプログラムではなく、「配列データを格納する領域」として使うことができます。

つまり、プログラム動作中に変更する必要のない、「固定的な配列データ」をこのエリアを指定して書き込むことができます。

[2.10] 1次元配列

■ const

今回使った「PIC16F1827」では、「4k ワード」(「ワード」は 2 バイト)の容量があります。

もちろん、プログラムコードとの総和でその容量ということにはなりますが、「384 バイト」をはるかに超える容量が確保できます。

＊

ですから、「プログラム動作中に書き換えの必要のない配列データ」であれば、次のように「 const 指定」をして、「配列」を宣言します。

`const int data[ ]={45,67,34,91,・・・・・・,42,8,11};`

もちろん、何らかのデータを定義しなければ、意味をもちません。

ですから、次のような記述は意味をもちません。

`const int data[100];`

なぜなら、「プログラム動作後」には、「配列への代入」はできないからです。

＊

このように、「PIC」などの「マイコン」でプログラムを行なう際は、使うチップの「メモリ容量」も意識する必要があります。

ただ、プログラムエリアの容量については、よほど長いプログラムを書かない限り、プログラムだけで容量をオーバーすることはないので、それほど気にする必要はありません。

しかし、「const 指定」をすることで、「固定データを格納したい」というときは、どれぐらいの量の固定データを入れるのかを意識して、必要なプログラムメモリ量を確保できるチップを選択する必要があります。

2.11 「2次元配列」と「2重ループ」

「1次元配列」があるなら、「2次元、3次元…配列」というものがあるのは、想像できます。

そのとおりで、「メモリ容量」の許す限り、そのような「多次元」の「配列」を使うことができます。

「2次元配列」を学ぶと、「3次元」以上の「配列」も、考え方は同じなので、「2次元配列」の考え方をしっかりマスターしましょう。

■「2次元配列」とは

「2次元配列」とは、たとえば、次のようなものです。

```
int a[4][3]={ {1,3,8},{2,9,5},{7,1,3},{6,6,4} };
```

この例を見ると分かるように、「3つの数字」の「組」が、4つあることが分かります。

*

では、すでに習った、「1次元配列」で、次のように書くのとは、どこが違うのでしょうか。

```
int a[12]={ 1,3,8,2,9,5,7,1,3,6,6,4 };
```

結論的に言えば、どちらで定義しても、メモリへの格納状況は同じです。

つまり、どちらも、次のようなイメージで、メモリへの格納は行なわれます。

そして、たとえば、配列にある「7」という数字を参照したければ、「2次元配列」で定義したデータであれば、「a[2][0]」を指定し、「1次元配列」のほうであれば「a[6]」を指定することになります。

■「2次元配列」と「1次元配列」の違い

では、「2次元配列」にする場合と「1次元配列」にする場合で、どこが違うのか、ということです。

[2.11]「2次元配列」と「2重ループ」

それは、「2次元配列」にした場合は、3つずつにまとめた数値が、3つの単位で意味をもつ場合です。

たとえば、「各人の国語、数学、英語の3教科の10段階評価値、4人ぶんのデータ」のようにです。

このような意味のデータの場合、「1次元配列」にしても、データ定義できないわけではありませんが、誰かの、「数学の評定値を参照したい」といった場合に、どの「配列要素」を指定すれば参照できるかが、分かりづらくなります。

それに対して、「2次元配列」で定義しておけば、そのようなときでも、容易に目的の「データ配列」を指定できます。

＊

したがって、何か意味のあるデータを格納する場合には、どのようにデータを定義すれば扱いやすいかを考えて、適切な「次元」の配列にすることが重要です。

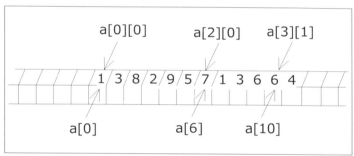

「メモリ」への「数値格納」イメージ

■「2次元配列」に定義されているデータ

では、「2次元配列」に定義されているデータを、順番に読み出してみましょう。

そのためには、「for」で「ループ」を「2重」に作ることになるので、「ループの多重化」の方法についてもマスターしましょう。

次のプログラムのようにします。

第2章 「C言語」プログラムの基礎

・CCS-C コンパイラ

```c
//----------------------------------------------------------
// CCS-C 2次元配列のデータ読み出しの
//     ための2重ループ  プログラム
//     PIC16F1827 Clock 4MHz
//----------------------------------------------------------
#include <16F1827.h>
#fuses INTRC_IO,NOMCLR
#use delay (clock=4000000)
void main()
 {
  int i,j;
  int a[4][3]={ {1,3,8},{2,9,5},{7,1,3},{6,6,4} };
  set_tris_a(0xf); //a0~b3のピンが入力設定
  set_tris_b(0x0); //b0~b7のすべてのピンが出力設定
  output_b(0xff);
   while(1){
     for(j=0;j<4;j++){
       for(i=0;i<3;i++){
         output_b(~a[j][i]);
         delay_ms(500);
       }
     }
   }
}
```

・XC コンパイラ

```c
//----------------------------------------------------------
// XC 2次元配列のデータ読み出しの
//     ための2重ループ  プログラム
//     PIC16F1827 Clock 4MHz
//----------------------------------------------------------
#include <htc.h>
/*コンフィグ設定 */
__CONFIG(FOSC_INTOSC  & MCLRE_OFF & WDTE_OFF);
#define _XTAL_FREQ  4000000   //4MHz
void main()
{
int i,j;
int a[4][3]={ {1,3,8},{2,9,5},{7,1,3},{6,6,4} };
 OSCCON = 0x68;//4MHz
 TRISA = 0x0f;//下位4bit入力
```

[2.11]「2次元配列」と「2重ループ」

```
 TRISB = 0x00;//全bit出力
 ANSELA = 0x00; //デジタル
 LATB = 0xff;//LEDをすべて消灯
  while(1){
      for(j=0;j<4;j++){
        for(i=0;i<3;i++){
            LATB = ~a[j][i];
            __delay_ms(500);
        }
      }
   }
}
```

※ なお、「多次元の配列」においては、具体的なデータを定義している場合は、最初の［　］の「添え字」だけは省略できますが、複数の「添え字」を省略することはできませんし、2番目以降の「添え字」も省略できません。

＊

「添え字」を省略する場合の「データ定義」は、次のように書きます。

`int a[ ][3]={ {1,3,8},{2,9,5},{7,1,3},{6,6,4} };`

　このプログラムでは、「2次元配列」を順番に参照するために、「for文」の中に「for文」が入れ子になっている、「2重ループ」が使われています。

　一見すると複雑そうに見えますが、右の図のようなものと捉えれば難しいものではありません。

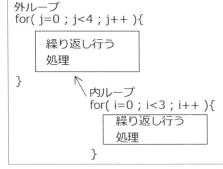

2重ループ

＊

　図のように、「2重ループ」になっている外側にあるループを**「外ループ」**といい、「単ループ」の場合は、箱で囲った「繰り返し行なう処理」には、何らかの「命令語」だったり、「関数」が入ります。

　それが、「別の単ループ」に置き換わったもの、と考えればいいのです。

　そこに入るループは内側にあるので、**「内ループ」**と言います。

139

第2章 「C言語」プログラムの基礎

プログラムを作るときには、「内ループ」から作っていくのが一般的です。
慣れればどちらでもいいのですが、「内側の単ループ処理」は具体的な処理になることが多いので考えやすい場合が多いためです。

*

「外ループ」は「内ループ」の処理をさらに繰り返すためのものです。

> ※「外ループ」と「内ループ」の変数は一緒にはできないので、必ず、異なる変数名を付けなければなりません。

今回のプログラムでは、配列の「添え字」が、「ループ変数」を使うことによって、うまく順番どおりに変化していくことが分かります。
この類のプログラムは、最初はなかなかすぐには書けるようにならないものですが、何回となく練習を繰り返すことで、自然に慣れていきます。

*

また、「多重ループ」で必要となるメモリ量は、「配列」の「添え字」の「掛け算」になるので、

```
int a[10][10][4];
```

のような「3次元配列」では、要素数は「400」となり、「**PIC16F1827**」のRAMの最大値の「384」を超えてしまいます。

もちろん、実装しているRAM容量を超えての定義では、エラーになるので、注意が必要です。

2.12 文字列配列

パソコンの「C言語」の入門書では、最初のほうで必ず出てくるのが、「文字列」の表示を扱うプログラムです。

たとえば、次のようなものです。

```c
#include <stdio.h>
void main()
 {
   printf( "Tokyo¥n" );
}
```

そして、「配列」を使った、「文字列表示」では、次のようなプログラムも登場します。

```c
#include <stdio.h>
void main()
 {
    char str[ ]=" Tokyo" ;
    printf( "%s¥n" ,str);
}
```

このように、「C言語」で「文字列」を扱う場合は、「char型」(1バイトキャラクタ型) の「1次元配列」を使います。

しかし、「PICマイコン」を使った多くの例では、必ずしも文字列を扱う例が多いわけではありません。

そもそも、「文字列」を表示する何らかのディスプレイ部品を実装しなければ、文字を出力することはできません。

*

今回の「学習ボード」でも、「文字列の表示」はできませんが、小型の液晶ディスプレイを付けたりすれば、表示はできるようになります。

また、「音声合成LSI」などを使うと、定義した文字列を読み上げてくれたりするものもあるので、「文字列」をまったく使わないわけではないので、「文字列」の扱い方も学習することにしましょう。

「C言語」プログラムの基礎

■「C言語」には「文字列変数」はない

プログラム言語においては、一般的に**「数値」**と**「文字列」**という2つの概念があります。

そして、それぞれに、**「変数」**と**「定数」**があります。

「定数」は変更できませんが、「変数」はプログラム動作中でも変更ができるものであり、**「数値変数」**についてはたとえば、次のように使います。

```
int data=58;// 宣言時に初期化できる
  :
data = 105;// プログラムの途中でも変更ができる
```

*

では、**「文字列」**の場合はどうでしょうか。
実は、「C言語」には「文字列変数」というものはありません。
不思議に思うかもしれませんが、それが実態です。
このことが、「C言語」が理解しにくい理由になっているのかもしれません。

次の例で説明します。

```
char str[]="Tokyo";// 文字配列を宣言するときに初期化できる
  :
str="Kyoto";// プログラムの途中でこのような変更はできない
         // (もちろん str[]="Kyoto"; でもダメ！)
```

この例のように、文字列を扱う場合は、「1文字」を扱う(正確には「1バイト」の数値)**「char型」**の配列を使うことになります。
そして、宣言時に初期化することはできますが、その後、プログラムの途中で、上のような記述はできません。

なぜなら、「str」は宣言時に確定する**「アドレス定数」**だからです。
定数に代入できないことは、説明の余地もありません。

■ 文字列操作関数

では、現実にはどのようにするかと言うと、一般的には「文字列操作関数」を使って、

[2.12] 文字列配列

```
strcpy(str,"Kyoto");
```
のように書きます。

　実際の意味としては、
```
str[0]='K';
str[1]='y';
str[2]='o';
str[3]='t';
str[4]='o';
str[5]='¥0';
```
と記述したのと同様です。

　ただ、このように書くのは、とても面倒なので、「関数」を使うわけです。
＊
　「str[5]='¥0';」という記述は大変大事で、**「文字列」の最後には「'¥0'」を入れる**というルールなので、必要になります。
　「'¥0'」の値は「数値の0」なので、「str[5]=0;」と書いても実際は変わらないのですが、「文字列の終わり」という意味を明示するために、あえて「'¥0'」と書くのが流儀になっています。

■「文字列」を連結

　次に、「文字列」を「連結」することについて説明します。
＊
　「str1[ ]」に「"kohgakusha"」という文字列、「str2[ ]」に「"I/O"」という文字列を定義し、連結して「str3[14]」に「"kohgakushaI/O "」という文字列が格納されるようにしてみたいと思います。

　このとき重要なことは、「連結」された結果、「文字列」の長さが「13文字列」になるということです。
　しかし、必要な配列の数は「13」ではなく「14」必要になります。
　なぜなら、「'¥0'」が最後に入るからです。

　そのため、一般的には、以下のプログラムのように、ぴったりの「14」

143

第2章 「C言語」プログラムの基礎

を配列として確保するのではなく、もう少し余裕をもってとることが多いです（たとえば、「32」とか）。

```
#include <string.h>
:
:
 char str1[]="kohgakusha";
 char str2[]="I/O";
 char str3[14];
   strcpy(str3,str1);//str3[18]の各要素にstr1の文字をコピー
   strcat(str3,str2);//str3にコピーされたstr1の内容の次にstr2の内容を連結コピー
```

この結果、「str3[14]」の各要素には「"kohgakushaI/O"」という文字が格納され、「str3[13]」には「'¥0'」も入ります。
（なお、「str3」の各要素は、「str3[0]～str3[13]」までの「14バイト」であり、「str3[14]」には代入できないので注意！）

＊

また、通常の「C言語」では、

```
strcpy(str3,str1);
strcat(str3,"I/O");
```

のように、「strcat」の「第2パラメータ」に、「定数」的な表記が可能ですが、CCS-Cにおいては、「第2パラメータ」には、定数的表現を許していないので、この部分に「const指定」した配列も、置くことができません。

＊

このように、「C言語」において「文字列」を扱う場合は、「char型」の「1次元配列」を使う必要があります。

1つの文字列で「1次元配列」となるため、複数の文字列を扱いたい場合は、必然的に「2次元配列」となるわけです。

2.13 「ポインタ」と「配列」

「C言語」についての解説には、しばしば、「C言語には、ポインタという概念があり、初心者が学習するときに、大きな壁になっている」というようなことが書かれています。

たしかに、「C言語」で長くプログラムを書いていこうという方にとっては、その概念を避けて通ってはいけないと思います。

しかし、私の場合は、「マイコン」のプログラムにおいては、「ポインタ」を使わないことのほうが、圧倒的に多いと思います。

「えっ、ポインタを使わないで、「C言語」プログラムできるの？」と言われそうですが、あえて使わずに書くことはできます。

*

「ポインタ」という概念は、「C言語」において万能で便利な機能と思われがちですが、副作用も多く、かなり強い効能の薬と同じで、不用意に使うと副作用に悩まされることも少なくありません。

「マイコン」のプログラミングにおいても同じなので、「ポインタ」を使わないで、目的の動作を実現できれば、使う必要などまったくないのです。

使わなければ、副作用もないので、プログラムのデバッグは楽になります。

■「ポインタ」とは

では、さっそく、その「ポインタ」がどのようなものであるかについて説明します。

*

まず、次のプログラムを入力して実行してみてください。
まだ、「ポインタ」は使っていません。

・CCS-C コンパイラ

```
//-------------------------------------------------------
// CCS-C    ポインタプログラム1
//    PIC16F1827 Clock 4MHz
//-------------------------------------------------------
#include <16F1827.h>
#fuses INTRC_IO,NOMCLR
```

第2章 「C言語」プログラムの基礎

```c
#use delay (clock=4000000)
void main()
 {
   int i;
   int a[]={0,1,2,4,8,16,32,64,128};
   int* po;
   set_tris_a(0xf); //a0~b3のピンが入力設定
   set_tris_b(0x0); //b0~b7のすべてのピンが出力設定
   output_b(0xff);
   while(1){
     for(i=0;i<9;i++){
        output_b(~a[i]);
        delay_ms(500);
     }
   }
}
```

・**XC コンパイラ**

```c
//---------------------------------------------------------
// XC    ポインタプログラム1
//    PIC16F1827 Clock 4MHz
//---------------------------------------------------------

#include <htc.h>
/*コンフィグ設定 */
__CONFIG(FOSC_INTOSC  & MCLRE_OFF & WDTE_OFF);
#define _XTAL_FREQ  4000000   //4MHz
void main()
{
int i;
   int a[]={0,1,2,4,8,16,32,64,128};
   int* po;
   OSCCON = 0x68;//4MHz
   TRISA = 0x0f;//下位4bit入力
   TRISB = 0x00;//全bit出力
   ANSELA = 0x00;  //デジタル
   LATB = 0xff;//LEDをすべて消灯
   while(1){
     for(i=0;i<9;i++){
        LATB = ~a[i];
        __delay_ms(500);
     }
   }
}
```

[2.13]「ポインタ」と「配列」

このプログラムは、「配列 a」に定義した、「0,1,2,4」の数値を、順次、「a ポート」に出力し、LED を点灯するだけのプログラムです。
特に説明の必要もない、簡単なプログラムです。

このプログラムを、「ポインタ」を使ったものにしてみたいと思います。
＊
次のプログラムを実行してみてください。

・CCS-C コンパイラ

```
void main()
{
  int i;
  int a[]={0,1,2,4,8,16,32,64,128};
  int* po;
    set_tris_a(0xf);  //a0~b3のピンが入力設定
    set_tris_b(0x0);  //b0~b7のすべてのピンが出力設定
    output_b(0xff);
    while(1){
      po=a;
      for(i=0;i<9;i++){
        output_a(~*po++);
        delay_ms(500);
      }
    }
}
```

・XC コンパイラ

```
void main()
{
int i;
  int a[]={0,1,2,4,8,16,32,64,128};
  int* po;
  OSCCON = 0x68;//4MHz
  TRISA = 0x0f;//下位4bit入力
  TRISB = 0x00;//全bit出力
  ANSELA = 0x00;  //デジタル
  LATB = 0xff;//LEDをすべて消灯
  while(1){
     po=a;
     for(i=0;i<9;i++){
        LATB = ~*po++;
        __delay_ms(500);
     }
  }
}
```

第2章 「C言語」プログラムの基礎

どうでしょうか。

プログラムの入力に誤りがなければ、配列を直接指定して出力する場合とまったく変わらない動作をしていることが分かります。

*

なぜ、このようなことができるでしょうか。

それにしても、「output_a」の（ ）内には、相当意味不明のことが書いてあるように見えます。

*

まず、このプログラムにおいて「ポインタ」とは、どの部分を指すのかというと、「po」です。

次の図を見てください。

「マイコン」内部のメモリのアドレスを図で表わしたものです。

なお、具体的な番地は、説明のための架空のもので、実際にどの番地に配列の値が格納されるかは、自動的にコンパイラが決定するので、私たちは、具体的な番地が何番地になったのかを知る必要はありません。

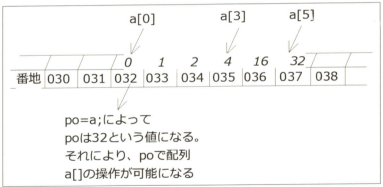

「マイコン」内部のメモリのアドレス

● ポインタ変数

そして「po」は、「変数」です。

「変数」は、これまでにも出てきました。現に、このプログラムでも、「int i;」で、変数「i」が宣言されて使われています。

しかし、この「po」の宣言では、同じ「int」で宣言はされていますが、「int」

[2.13]「ポインタ」と「配列」

の次に「*」が付いています。
　この「*」を付けて宣言する変数が、**「ポインタ変数」**と呼ばれているものです。
　書き方によっては、

`int *po;`

のように、「po」の直前に「*」を付ける書き方もありますが、意味は同じです。

＊

　たとえば、「ポインタ変数」を2つ宣言する場合、

`int *po1,*po2;`

となります。

`int* po1,po2;`

のように書くと、「po1」は「ポインタ変数」になりますが、「po2」は「ポインタ変数」にはならないので、注意が必要です。
(ただし、PIC用の「Cコンパイラ」では、エラーにならないものもある)。

■ 番地

　そして、ポインタ変数「po」とは、「メモリの番地であるアドレスの値を入れるための特別な変数」ということになります。

＊

　ここで、素朴な疑問として、「アドレスも数値なわけなら、別に特別な変数でなくて、普通の変数を使えばいいじゃないか」ということです。
　そうですよね。では、なぜ、「アドレスの値を入れる変数は、特別なものではなくてはいけないか」ということを説明します。

＊

　コンピュータで使われるメモリは、「8bit」(1バイト) 単位で「番地」が付けられています。
　これは、「絶対番地」で、例えば、地球の位置を示す「緯度」と「経度」のようなものです。
　地球上では、異なる場所で同じ「緯度」「経度」になることはありません。
　言ってみれば、「絶対番地」です。

第2章 「C言語」プログラムの基礎

しかし、私たちが住んでいる住所を尋ねられて、「緯度」と「経度」で伝える人はいないと思います。

そして、その「番地」にいろいろなデータの値などが書き込まれて記憶されていきます。

「番地」は1バイトごとに付けられているので、もし、メモリに書き込まれる値が1バイトの範囲であれば、アドレスを1つずつ増やしていくことで、次の値を格納していけばいいことになります。

*

しかし、データには、「long int」のように（「マイコン」では）2バイトになるものもあります。

このようなデータでは、データを1つ書き込むごとに、次のアドレスは、「2バイト」先にしなければいけません。

もっと面倒なことに、「int」は「マイコン」の「C言語」においては、「1バイト」ないしは「2バイト」、パソコンの「C言語」では、「4バイト」など、統一はされていません。

このような状況であっても、データを書き込むときには正確に次のアドレスを指定しなければなりません。

ですから、「ポインタ変数」は、その中に格納されている番地を1つ増加させる、

```
po++;
```

という処理においても、「1バイト変数」に対するポインタならば、単に1バイト増加させ、「2バイト変数」に対するポインタならば、自動的に2バイト増加させるようになっているのです。

これは、普通の変数では、できない芸当なのです。

●アドレス定数

上記のプログラムで、

```
po = a;
```

があります。

これは、「ポインタ変数poに、配列aの先頭アドレスを代入している」

[2.13]「ポインタ」と「配列」

ということを意味します。

「配列a[ ]」の「a」は、それ単独では、そのような意味があったのです。

「だったら、ポインタなんか介さないで、

`output_a(~*po++);`

を、

`output_a(~*a++);`

って書いても同じではないか」と思うかもしれませんが、それはできません。

その理由は簡単で、「a」は「アドレス定数」だからです。

「定数」に代入できないことは、言うまでもありません。

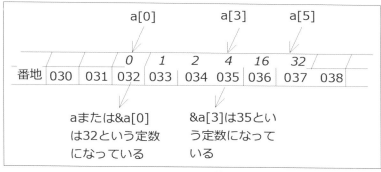

アドレス定数

「えっ、代入なんかしてないじゃん！」と思うかもしれませんが、思い出してみてください、「i++;」の意味は、「i=i+1;」という立派な「代入式」の省略形だったことを。

＊

「C言語」の「ポインタ」が難しいと思われるのは、「ポインタ」そのものというよりは、それに付随する部分においても、ちょっと理解が不充分だったりすることからも発生していることが多いのです。

私たちが「定数」というのは、「100」とか「57」とか具体的な数を想像するので、「a」のような、一見して変数に見える文字が定数だとはなかなか思えないのです。

その区別さえはっきりできれば、「ポインタ」の概念は決して難しいものではありません。

■「ポインタ」のルール

その他、「C言語」の「ポインタ」に関する主なルールを掲げておきます。

---

① 「ポインタ変数」の宣言は、その「ポインタ変数」でアクセスしようとする値の型(「int」「char」「float」など)が何バイトで扱われるかによって、それと同じ「型」で宣言する。

間違えてはいけないのは、たとえば、

```
char* po;
```

としたときでも、「po」が「1バイト」のアドレス範囲でしか扱えないということではない。
あくまでも、「po」のアドレス増減が「1バイト」であることを示している。

② 「ポインタ変数」を使うときに「ポインタ変数」の前に「*」を付けると、その「ポインタ変数」が示しているアドレスの中身(値)が取り出される。

[例] 前の図のよう数値が格納されている場合は…

```
int* po;
po = a;
```

この記述において「*(po+3)」は「4」を表わす

③ 通常の変数の前に「&」を付けると、その変数の中身(値)が格納されているメモリのアドレスを示す。

例示したプログラムの、

```
po=a;
```

部分は、

```
po=&a[0];
```

と書いても、同じ意味になる。

[2.13]「ポインタ」と「配列」

④ ポインタ変数宣言された「po」において、「po++」とは、アドレスを1単位増加させることであり、2バイトの変数宣言をされているものについては、アドレスは自動的に2つ増加する。

⑤

```
output_a(~*po++);
```

のような記述は、単なる省略形であり、あまり書かないが、かみ砕いて書くと、

```
output_a(~ (*po) );
po=po+1;
```

となる。

⑥「ポインタ変数」を介して配列などを操作する場合、配列宣言されていない領域にまで踏み込んだとしても、プログラム作成時点でエラーを出すことはない。

　しかし、そのようなことは、ほぼ、プログラム実行時において「暴走」という副作用を出したり、出さなかったりするので、厄介である。

　なお、例示したポインタを使ったプログラムでは、「i」の変数を結果的に利用はしていませんが、利用して書くと、次のようにも書けます。

・CCS-C コンパイラ

```
void main()
 {
   int i;
   int a[]={0,1,2,4,8,16,32,64,128};
   int* po;
   set_tris_a(0xf);
set_tris_b(0x0);
   output_b(0xff);//すべてのLEDを消灯
   while(1){
     po = a;
     for(i=0;i<9;i++){
       output_a(~*(po+i));//  <<ここが変わった
    // output_a(~*(a+i));
       delay_ms(500);
     }
   }
 }
```

「C言語」プログラムの基礎

・XC コンパイラ

```
void main()
{
int i;
   int a[]={0,1,2,4,8,16,32,64,128};
   int* po;
   OSCCON = 0x68;//4MHz
   TRISA = 0x0f;//下位4bit入力
   TRISB = 0x00;//全bit出力
   ANSELA = 0x00; //デジタル
   LATB = 0xff;//LEDをすべて消灯
   while(1){
      po=a;
      for(i=0;i<9;i++){
         LATB =~*(po+i); //  <<ここが変わった
         // LATB =~*(a+i);
         __delay_ms(500);
      }
   }
}
```

「output_a(~*(po+i));」または「output_a(~*(a+i));」では、「変数にiを加える」「定数にiを加える」ということで、代入を行なっていないので、どちらでも OK ということです。

● 「2次元配列」に定義されたデータを「b ポート」に出力する例

これだけでは、「わざわざポインタを使わないといけないのか」とか、「ポインタを使うと便利だというところまでは感じられない」と思うかもしれません。

次のプログラム例では、少しは、違いを感じられるかもしれません。
「2次元配列」に定義されたデータを「b ポート」に出力する例です。

・CCS-C コンパイラ

```
//---------------------------------------
// CCS-C
// PIC16F1827ポインタ
//---------------------------------------
#include <16F1827.h>
#fuses INTRC_IO,NOMCLR
```

[2.13]「ポインタ」と「配列」

```c
#use delay (clock=4000000)
void main()
{
  int i;
  int a[][2]={{128,64},{32,16},{8,4},{2,1}};
  int* po;
  set_tris_a(0xf);
  set_tris_b(0x0);
  output_b(0xff);//すべてのLEDを消灯
  while(1){
    po = a;
    for(i=0;i<8;i++){
      output_b(~*po++);
      delay_ms(500);
    }
  }
}
```

・XC コンパイラ

```c
//-------------------------------------
// XC
// PIC16F1827ポインタ
//-------------------------------------
#include <htc.h>
/*コンフィグ設定 */
__CONFIG(FOSC_INTOSC & MCLRE_OFF & WDTE_OFF);
#define _XTAL_FREQ  4000000  //4MHz
void main()
{
  int i;
  int a[][2]={{128,64},{32,16},{8,4},{2,1}};
  int* po;
  OSCCON = 0x68;//4MHz
  TRISA = 0x0f;//下位4bit入力
  TRISB = 0x00;//全bit出力
  ANSELA = 0x00;  //デジタル
  LATB = 0xff;//LEDをすべて消灯
  while(1){
    po = a;
    for(i=0;i<8;i++){
      LATB = ~*po++;
      __delay_ms(500);
    }
  }
}
```

第2章 「C言語」プログラムの基礎

このプログラムでは、「2次元配列」に定義された各値を順番に、「bポート」に出力しています。

動作の違いが分かるように、先ほどの「1次元配列」とはデータの順番を逆にしています。

なんと、「単ループで」極めてシンプルにアクセスできることが分かります。

●「ポインタ」を使わないプログラム

しかし、これが、他人にも分かりやすいかと言えば、必ずしもそうとは言えません。

これを「ポインタ」を使わない従来の方法でプログラムすると、次のようになります。

・CCS-C コンパイラ

```c
void main()
{
   int i,j;
   int a[][2]={{128,64},{32,16},{8,4},{2,1}};
   int* po;
   set_tris_a(0xf);
   set_tris_b(0x0);
   output_b(0xff);//すべてのLEDを消灯
   while(1){
      for(j=0;j<4;j++){
         for(i=0;i<2;i++){
            output_b(~a[j][i]);
            delay_ms(500);
         }
      }
   }
}
```

・XC コンパイラ

```
//----------------------------------------
// XC
// PIC16F1827ポインタ
```

[2.13]「ポインタ」と「配列」

```c
//----------------------------------------
#include <htc.h>
/*コンフィグ設定 */
__CONFIG(FOSC_INTOSC  & MCLRE_OFF & WDTE_OFF);
#define _XTAL_FREQ  4000000   //4MHz
void main()
{
  int i,j;
  int a[][2]={{128,64},{32,16},{8,4},{2,1}};
  int* po;
   OSCCON = 0x68;//4MHz
   TRISA = 0x0f;//下位4bit入力
   TRISB = 0x00;//全bit出力
   ANSELA = 0x00;  //デジタル
   LATB = 0xff;//LEDをすべて消灯
   while(1){
       for(j=0;j<4;j++){
         for(i=0;i<2;i++){
            LATB = ~a[j][i];
            __delay_ms(500);
         }
       }
    }
}
```

　このように、一般的には「ポインタ」を使わずに「2重ループ」で処理することになります。

[問題] 2-12-1

> 　上記プログラムを「ポインタ」を使わずに、「単ループ」で処理するプログラムを作りなさい。

●ポインタの副作用

　次に、「ポインタ」がいかに恐ろしいものかを実験してみましょう。

＊

　次のプログラムを実行してみてください。
　「恐ろしい」とは言っても、プログラムを実行してPICから煙が上がるようなことはないので、安心してください。

第2章 「C言語」プログラムの基礎

・CCS-C コンパイラ

```
//--------------------------------------------
// CCS-C
// PIC16F1827ポインタ
//--------------------------------------------
#include <16F1827.h>
#fuses INTRC_IO,NOMCLR
#use delay (clock=4000000)
void main()
 {
    int i;
    int a[]={0,1,2,4,8,16,32,64,128};
    int* po;
    set_tris_a(0xf);
    set_tris_b(0x0);
    output_b(0xff);//すべてのLEDを消灯
    po=a;
    for(i=0;i<9;i++){
        *po++=i;
    }
    while(1){
       for(i=0;i<9;i++){
          output_b(~a[i]);
          delay_ms(500);
       }
    }
}
```

・XC コンパイラ

```
//--------------------------------------------
// XC
// PIC16F1827 ポインタ
//--------------------------------------------
#include <htc.h>
/*コンフィグ設定 */
__CONFIG(FOSC_INTOSC  & MCLRE_OFF & WDTE_OFF);
#define _XTAL_FREQ   4000000   //4MHz
void main()
{
    int i;
    int a[]={0,1,2,4,8,16,32,64,128};
    int* po;
    OSCCON = 0x68;//4MHz
    TRISA = 0x0f;//下位4bit入力
```

[2.13]「ポインタ」と「配列」

```
    TRISB = 0x00;//全bit出力
    ANSELA = 0x00;  //デジタル
    LATB = 0xff;//LEDをすべて消灯
    po=a;
    for(i=0;i<9;i++){
        *po++=i;
    }
    while(1){
      for(i=0;i<9;i++){
            LATB = ~a[i];
            __delay_ms(500);
      }
    }
}
```

このプログラムでは、最初に実行したプログラムと同様に、「1 次元配列」の各要素を「b ポート」に出力するもので、LED が 1 個ずつ順番に点灯していくはずです。

「while(1){」以降のプログラムは何も変わっておらず、単に定義した「a[ ] 配列」の要素を順番に出力しているだけです。

また、「a[ ] 配列」定義の各要素に直接何らの代入も行なっている記述は見当たりません。

しかし、実行した結果は、定義した配列の内容が反映されたものにはなっていません。

LED は点灯しますが、おかしなパターンで点灯します。

どうなってしまったのでしょうか。

それは、この記述の副作用です。

```
po=a;
for(i=0;i<6;i++){
        *po++=i;
}
```

つまり、「ポインタ」を介して、配列の内容の変更操作をしてしまったためです。

これは、ほんとうに怖いことなのです。

第2章 「C言語」プログラムの基礎

　この程度の短いプログラムであれば、全体の見通しがきくので、プログラム全体で、何が行なわれているかを見ることは簡単です。
　しかし、実際のプログラムは、すぐに何百行、何千行というものになってしまいます。
　そんなプログラムで、このようなことを突き止めていくことは、並大抵のことではありません。

　「ポインタ」を使わなければ、このような操作は、まずできないので、安心なのです。

*

　もし、何か決まりきった固定データ（プログラム動作後に変更の必要がない）を定義して使いたい場合は、次のように「const 指定」（変更できない変数指定）をしたほうがいいでしょう。

```
const int a[]={0,1,2,4,8,16,32,64,128};
```

*

　さて、ポインタについての概要は理解できたでしょうか。
　一言で言えば、「アドレスを格納する変数」ということですね。

　では、次のようなことができるでしょうか。

```
int* po=10;
```

　これは、「ポインタ変数宣言した po に 10 番地を入れて初期化した」ということです。

　そして、たとえば、何らかの値をその番地に代入するような、

```
*po= 73;
```

のようなことをすると、とんでもない事態（プログラムの暴走など）になるかもしれません。

　ですから結論的には、「こんなことは、絶対にやるべきではない！」ということです。
　なぜなら、そもそも、意図的に「絶対番地」を指定するためには、「マイコン」

[2.14] 関数

のアドレス番地がどのような目的で、どのように配置されているかをすべて把握している必要があります。

つまり、「アドレスの管理をすべて自分でやっていく」ということになります。

しかし、そのようなことは現実的にはほとんどできないと言ってもいいでしょう。

仮にできたとしても、それをするメリットはありません。

2.14　関数

ここでは、「関数」について説明します。

＊

日ごろ使っている清涼飲料水の自動販売機を想像してみてください。

お金を入れて、買いたい飲み物のボタンを押すと、選んだ飲料水が出てきます。

これを図にすると、次のようになります。

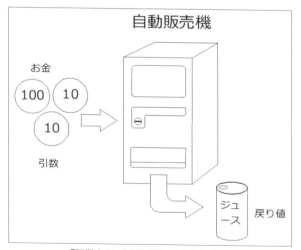

「関数」は「自販機」のようなもの

「関数」は、この「自動販売機」のようなもので、「お金」に相当する、「引数」（数値定数や変数）を入れると、それに対して何らかの処理が行なわれて、「ジュース」に相当する「戻り値」が返ってきます。

「C言語」プログラムの基礎

数学で使われる、「関数」も同じようなものです。
たとえば「三角関数」で、「sin(1)」のように、「1」という引数を与えると、その「戻り値」として、「0.8414‥」を返してきます。

*

「C言語」には、あらかじめそのような組み込まれている「関数」も何百とありますが、自分で作って使うことも珍しくありません。

そして、その場合には、大きく分けて次の2つのパターンになります。

① 「戻り値」のある関数（int 型など）
② 「戻り値」のない関数（void 型）

①は、「三角関数」のような、何か引数を与えてやると、何らかの処理が行なわれて、その結果としての値を返してくれるもの。
返してくる値の型によって、「int 型」や「char 型」「long 型」「float 型」などを決めて作ります。
その場合でも、「戻り値」は必ず1つだけで、2つ以上の値を返すようなことはできません。

しかし、現実には、処理によって、複数の値を返してほしいということも、珍しくありません。
そのような場合の処理は、別にあるので、後ほど説明します。

*

②については、「値を返さないとはどういうことか？」と疑問をもつかもしれません。
自動販売機の例ならば、「お金を入れたのに、ジュースが出てこない」ということですから、あり得ないことです。

ところが、「C言語」に限らず、プログラム言語の世界では、「戻り値」のない関数はよく使われます。
なぜなら、「C言語」の関数は、「サブルーチン」的な働き方としても使われるからです。

[2.14] 関数

● サブルーチン

「サブルーチン」とは、同じような処理を行なうときに、プログラムの中で何度もそれを書くのは非効率なので、「同じような処理をまとめてモジュール化し、必要なときに、そのモジュール名で呼ぶ」というものです。

この「サブルーチン」の考え方は、どのプログラム言語にもたいていあるもので、「C言語」では、関数として、その役割を担っています。
ですから、戻り値がなくても、何らかのまとまった処理をしたい場合には、よく使うものなのです。
何十行にも渡る処理が、関数名だけの記述ですむので、プログラムの見通しもよくなります。

●「戻り値」のある関数のプログラム

では、まず、次の例で、①「戻り値」のある関数のプログラムを見てみましょう。

・CCS-C コンパイラ

```
//------------------------------------------------
// CCS-C
// PIC16F1827 値を返す関数の例
//------------------------------------------------
#include <16F1827.h>
#fuses INTRC_IO,NOMCLR
#use delay (clock=4000000)
int tasu(int a,int b)
{
   return a+b;
}
void main()
 {
   int i;
   int data[][2]={{5,3},{11,5},{24,7}};
   set_tris_a(0xf);//下位4bit入力ポート設定
   set_tris_b(0x0);//全8bit出力ポート設定
   output_b(0xff);//すべてのLEDを消灯

   while(1){
     for(i=0;i<3;i++){
        output_b(~tasu(data[i][0],data[i][1]));
```

```
        delay_ms(1000);
      }
   }
}
```

・**XC コンパイラ**

```
//-----------------------------------------------------
// XC
// PIC16F1827 値を返す関数の例
//-----------------------------------------------------
#include <htc.h>
/*コンフィグ設定 */
__CONFIG(FOSC_INTOSC & MCLRE_OFF & WDTE_OFF);
#define _XTAL_FREQ 4000000  //4MHz
int tasu(int a,int b)
{
   return a+b;
}
void main()
{
   int i;
   int data[][2]={{5,3},{11,5},{24,7}};
   OSCCON = 0x68;//4MHz
   TRISA = 0x0f;//下位4bit入力
   TRISB = 0x00;//全bit出力
   ANSELA = 0x00;  //デジタル
   LATB = 0xff;//LEDをすべて消灯
   while(1){
     for(i=0;i<3;i++){
       LATB = ~tasu(data[i][0],data[i][1]);
       __delay_ms(1000);
     }
   }
}
```

　このプログラムでは、「int tasu(int a,int b)」という「足し算の値を返す関数」を定義しています。

　PICの「CCS-C言語」においては、「関数の定義」は、「void main( )」の前に置きます。

　「main関数」側からは、2つの具体的数値を引数に記述して、「tasu関数」

[2.14] 関数

を読み出します。

「tasu関数」はそれ自体が、1つの「戻り値」として、2つの数を足し算した結果をもつので、「output_a( )」のカッコの中に、直接、関数を記述してかまいません。

＊

これに違和感がある場合は、次のように、たとえば「v」という変数などを介するといいでしょう。

```
int v;
   :
v=tasu(data[i][0],data[i][1]);
output_a(~v);
```

呼ばれた関数では、配列の値「data[i][0]」を「a」で、「data[i][1]」を「b」で受けます。

そして、「a+b」を計算した結果として、「return」でリターン(返す)します。

呼ぶ側の記述では、もちろん「tasu(1,2)」のように「数値定数」を書いて呼ぶこともできます。

[問題] 2-14-1

> 上記プログラムの足し算を求める関数「**int** tasu(**int**,**int**)」を参考に、引き算の結果を返す関数「**int** hiku(**int**,**int**)」を定義して、上記プログラムと同じ配列の組の引き算の結果を出力するプログラムを作りなさい。

●「戻り値」のない関数のプログラム

次に、②「戻り値」のない関数のプログラムを見てみましょう。

・CCS-C コンパイラ

```
//----------------------------------------------
// CCS-C
// PIC16F1827 値を返さない関数の例
//----------------------------------------------
#include <16F1827.h>
#fuses INTRC_IO,NOMCLR
```

第2章 「C言語」プログラムの基礎

```c
#use delay (clock=4000000)
void tasu(int a,int b)
{
   output_b(~(a+b));
}
void main()
 {
    int i;
    int data[][2]={{5,3},{11,5},{24,7}};
    set_tris_a(0xf);//下位4bit入力ポート設定
    set_tris_b(0x0);//全8bit出力ポート設定
    output_b(0xff);//すべてのLEDを消灯
    while(1){
       for(i=0;i<3;i++){
          tasu(data[i][0],data[i][1]);
          delay_ms(1000);
       }
    }
}
```

・**XC コンパイラ**

```c
//------------------------------------------------------
// XC
// PIC16F1827 値を返さない関数の例
//------------------------------------------------------
#include <htc.h>
/*コンフィグ設定 */
__CONFIG(FOSC_INTOSC  & MCLRE_OFF & WDTE_OFF);
#define _XTAL_FREQ  4000000   //4MHz
void tasu(int a,int b)
{
   LATB = ~(a+b);
}
void main()
 {
    int i;
    int data[][2]={{5,3},{11,5},{24,7}};
    OSCCON = 0x68;//4MHz
    TRISA = 0x0f;//下位4bit入力
    TRISB = 0x00;//全bit出力
    ANSELA = 0x00; //デジタル
    LATB = 0xff;//LEDをすべて消灯
    while(1){
       for(i=0;i<3;i++){
          tasu(data[i][0],data[i][1]);
```

```
            __delay_ms(1000);
        }
    }
}
```

このプログラムは、先ほどの「値を返す関数」に似ていますが、「値」は返していません。

「関数」の内容として、「引数で受け取った 2 つの数を足し算して、ポートに出力する」という関数です。

「ポートへの出力」をすれば、それで OK なので、特に値を返す必要はないのです。

*

このように、自分で関数を作ることによって、プログラムを簡潔に表現できたり、開発の効率性を上げることができます。

[問題] 2-14-2

> 上記プログラムの足し算の結果をポートに出力する関数「**void tasu(int,int)**」を参考に、引き算の結果をポートに出力する関数「**void hiku(int,int)**」を定義して、上記プログラムと同じ配列の組の引き算の結果を出力するプログラムを作りなさい。

[問題] 2-14-3

> 学習ボードにあるボタンが押されたら、ポートに付いている 8 個の LED が全部点灯する関数「**void light(int)**」を定義して使うプログラムを作りなさい。
>
> なお、ボタンが押されていないときは、真ん中の LED2 個だけが点灯するようにする。
> (引数には、ボタンの状態を示す値を入れるようにする)。

第2章 「C言語」プログラムの基礎

2.15 変数の適用範囲

前の項目では、「関数」について学びましたが、「main関数」と「自前で作った関数」の中で使われる「変数」には、どのような関係があるのでしょう。

■ ローカル変数

次のプログラムを見てください。

・CCS-C コンパイラ

```c
//--------------------------------------------------
// CCS-C
// PIC16F1827    変数の適用範囲例
//--------------------------------------------------
#include <16F1827.h>
#fuses INTRC_IO,NOMCLR
#use delay (clock=4000000)
void tasu(int i,int j)
{
 output_b(~(i+j));
}
void main()
 {
    int i;
    int data[][2]={{5,3},{11,5},{24,7}};
    set_tris_a(0xf);//下位4bit入力ポート設定
    set_tris_b(0x0);//全8bit出力ポート設定
    output_b(0xff);//すべてのLEDを消灯

    while(1){
      for(i=0;i<3;i++){
        tasu(data[i][0],data[i][1]);
        delay_ms(1000);
      }
    }
}
```

・XC コンパイラ

```c
//--------------------------------------------------
// XC
// PIC16F1827    変数の適用範囲例
```

[2.15] 変数の適用範囲

```c
//--------------------------------------------------
#include <htc.h>
/*コンフィグ設定 */
__CONFIG(FOSC_INTOSC  & MCLRE_OFF & WDTE_OFF);
#define _XTAL_FREQ   4000000   //4MHz
void tasu(int i,int j)
{
   LATB = ~(i+j);
}
void main()
 {
   int i;
   int data[][2]={{5,3},{11,5},{24,7}};
   OSCCON = 0x68;//4MHz
   TRISA = 0x0f;//下位4bit入力
   TRISB = 0x00;//全bit出力
   ANSELA = 0x00; //デジタル
   LATB = 0xff;//LEDをすべて消灯
   while(1){
     for(i=0;i<3;i++){
       tasu(data[i][0],data[i][1]);
       __delay_ms(1000);
     }
   }
}
```

　これは、先ほどの「値を返さない関数」の例で、「引数」に与えた2つの数の足し算を求めて「bポート」に出力するというものです。

*

　ただし、「main」の中で使っているループ変数「i」と同じ変数名の変数が、「tasu(int i,int j)」の引数で使われています。

　このようにすると、「tasu(int i,int j)」で、「i」という変数で実際にデータを受けると、「i」の値は、受けたデータに変わってしまいます。

　これでは、「main」側の「ループ変数」に影響して、おかしなことになってしまいそうです。

　しかし、このプログラムを実行しても、そのようなことは起こりません。

　これは、「C言語」のルールで、「宣言した変数の適用範囲は、その宣言した関数内でのみ有効」ということがあるからです。

　このことによって、新たな関数を作って、使う変数名を決めようとすると

きでも、「main関数」やその他の関数でどんな変数名が定義されていたのかを知る必要がありません。

これは大変便利なことです。

このような変数のことを**「ローカル変数」（局所変数）**と呼んでいます。

■ グローバル変数

それに対して、「関数間で共通な変数」も定義できます。

たとえば、次のプログラムでは、「main」の中で「ループ変数」として使われている「i」が「void abc( )」でも使われて、正しく機能していることが分かります。

・CCS-C コンパイラ

```
//---------------------------------------
// CCS-C
// PIC16F1827　グローバル変数の例
//---------------------------------------
#include <16F1827.h>
#fuses INTRC_IO,NOMCLR
#use delay (clock=4000000)
int i;//グローバル変数
void abc()
{
  output_b(~i);
}
void main()
{
  set_tris_a(0xf);//下位4bit入力ポート設定
  set_tris_b(0x0);//全8bit出力ポート設定
  output_b(0xff);//すべてのLEDを消灯

  while(1){
    for(i=0;i<32;i++){
      abc();
      delay_ms(500);
    }
  }
}
```

[2.15] 変数の適用範囲

・XC コンパイラ

```c
//--------------------------------------------
// XC
// PIC16F1827  グローバル変数の例
//--------------------------------------------
#include <htc.h>
/*コンフィグ設定 */
__CONFIG(FOSC_INTOSC  & MCLRE_OFF & WDTE_OFF);
#define _XTAL_FREQ  4000000  //4MHz
int i;//グローバル変数
void abc()
{
  LATB = ~i;
}
void main()
 {
   OSCCON = 0x68;//4MHz
   TRISA = 0x0f;//下位4bit入力
   TRISB = 0x00;//全bit出力
   ANSELA = 0x00;  //デジタル
   LATB = 0xff;//LEDをすべて消灯
   while(1){
       for(i=0;i<32;i++){
          abc();
          __delay_ms(500);
       }
    }
}
```

　このプログラムでは、「int i ;」は「main 関数」内でも、「abc 関数」内でも宣言はされていません。
　「void abc( )」の上で宣言されています。

　このような位置で変数を宣言すると、**「グローバル変数」（巨視的変数）**となり、各関数間で共通のものとなります。

＊

　プログラムにあまり慣れていない初心者の人は、どちらかというと「グローバル変数」を使いたがる傾向があります。
　なぜなら、関数の引数によるやり取りをしなくても済むからです。

第2章 「C言語」プログラムの基礎

　さらに言えば、この後出てくる、「複数の戻り値」を扱う手法や、「配列変数」を関数に渡すためには、「ポインタ」を使わなければならないためです。

＊

　しかし、できれば「ローカル変数」を使って、関数への値の渡しは、引数を使って行なうべきです。
　「引数」は「戻り値」と違って、いくつでも渡すことができるので、「配列」とは違って、それほど面倒ではないと思います。

　なぜそのようなことが推奨されるかと言うと、変数を「グローバル」にしてしまうと、その変数がどの関数でどのように変更されるかを的確に把握するのが難しくなるからです。

　同じ「i」という「ループ変数」を、「main関数」とそれ以外の別の関数で共通にしてしまったら、うまくいかなくなることは、簡単に想像できます。
　そうかと言って、関数ごとに異なる「ループ変数」を設定するのは、面倒です。

＊

　このような理由から、変数は、極力「ローカル変数」にして、どうしても、関数間で共通にしたい変数のみを「グローバル変数」にするようにしましょう。

[2.16]「main 関数」内の配列を他の関数で使う

「main」で定義されている「配列のデータ」を「他の関数」で使いたいというケースはよくあります。

そのような場合どうすればいいでしょうか。

*

次のプログラムを見てください。

・CCS-C コンパイラ

```
//-------------------------------------------------------
// CCS-C
// PIC16F1827 配列を他の関数で利用する例（NG版）
//-------------------------------------------------------
#include <16F1827.h>
#fuses INTRC_IO,NOMCLR
#use delay (clock=4000000)
void tasu()
{
    int i;
    for(i=0;i<3;i++){
        output_a(~(data[i][0]+data[i][1]));
        delay_ms(1000);
    }
}
void main()
 {
   int data[][2]={{5,3},{11,5},{24,7}};
   set_tris_a(0xf);//下位4bit入力ポート設定
   set_tris_b(0x0);//全8bit出力ポート設定
   output_b(0xff);//すべてのLEDを消灯

   while(1){
       tasu();
   }
}
```

・XC コンパイラ

```
//-------------------------------------------------------
// XC
// PIC16F1827 配列を他の関数で利用する例（NG版）
```

第2章 「C言語」プログラムの基礎

```c
//------------------------------------------------------
#include <htc.h>
/*コンフィグ設定 */
__CONFIG(FOSC_INTOSC  & MCLRE_OFF & WDTE_OFF);
#define _XTAL_FREQ   4000000   //4MHz
void tasu()
{
    int i;
    for(i=0;i<3;i++){
        output_a(~(data[i][0]+data[i][1]));
        delay_ms(1000);
    }
}
void main()
 {
   int data[][2]={{5,3},{11,5},{24,7}};
   OSCCON = 0x68;//4MHz
   TRISA = 0x0f;//下位4bit入力
   TRISB = 0x00;//全bit出力
   ANSELA = 0x00;  //デジタル
   LATB = 0xff;//LEDをすべて消灯
   while(1){
       tasu();
   }
}
```

　このプログラムがエラーで動かないことは、「2-17」の「変数の適用範囲」で説明したとおりなので、「main」で定義されている配列を、他の関数で使うことはできません。

　このプログラムでは、「配列の定義」を「main」では使っていないので、それならば、「tasu関数」内にもって行なって定義すればすむことです。

*

　しかし、「main」で使うという場合で、「他の関数」でも使いたい場合はどうするのかということです。

　もう1つの解決法としては、「関数間で共通」に使えるように「グローバル変数」として、「配列を定義」することです。

　これは、しばしば使われる方法です。

　しかし、「そうしたくない場合」とか、「そうしないほうがいい場合」もあるのです。

[2.16]「main関数」内の配列を他の関数で使う

それは、

> ある「関数A」で定義された「a[ ]」という配列データを「関数S」で処理してほしい

という場合です。

「関数S」では、また別の「関数B」で定義された「b[ ]」でという配列の処理も行なえます。

このような場合、「a[ ]」や「b[ ]」という配列は、「関数A」や「関数B」に関連したものであるとすれば、その配列を「関数S」に置くことは適切ではないですし、「グローバル変数」として「a[ ]」や「b[ ]」を定義してしまえば、それがどの関数に関連するものかが分からなくなってしまうからです。

できる限り、「処理のコード」と「データ」は関連性をもって一緒に扱うべきです。

その考え方は、「C++」において明確になっていきます。

*

しかし、「配列のデータ」を「他の関数」に引き渡すのは、これまでの知識ではできません。

なぜなら、次のように、

```
int a[ ]={1,5,8,9,7,4,1,5,6,7,8,5,9,3,6,5,8,4};
    :
   abc (a[0],a[1],a[2],a[3],a[4],・・・・・a[17]);
```

とは、現実的にはできないからです。

この方法では、引数を配列の個数だけとらなくてはいけません。

ある程度の個数はできても、配列要素が「100」や「1000」もあったら対応できません。

*

そこで、実際には、次のプログラムのようにします。

第2章 「C言語」プログラムの基礎

- **CCS-C コンパイラ**

```c
//----------------------------------------------------------
// CCS-C
// PIC16F1827 配列を他の関数で利用する例
//----------------------------------------------------------
#include <16F1827.h>
#fuses INTRC_IO,NOMCLR
#use delay (clock=4000000)
int tasu(int* po)
{
    return *po + *(po+1);
    //return po[0] + po[1];
}
void main()
{
   int i;
   int data[][2]={{5,3},{11,5},{24,7}};
   set_tris_a(0xf);//下位4bit入力ポート設定
   set_tris_b(0x0);//全8bit出力ポート設定
   output_b(0xff);//すべてのLEDを消灯

   while(1){
      for(i=0;i<3;i++){
       output_b(~tasu(data[i]));
       delay_ms(1000);
      }
   }
}
```

- **XC コンパイラ**

```c
//----------------------------------------------------------
// XC
// PIC16F1827 配列を他の関数で利用する例
//----------------------------------------------------------
#include <htc.h>
/*コンフィグ設定 */
__CONFIG(FOSC_INTOSC  & MCLRE_OFF & WDTE_OFF);
#define _XTAL_FREQ  4000000  //4MHz
int tasu(int* po)
{
    return *po + *(po+1);
    //return po[0] + po[1];
```

[2.16]「main 関数」内の配列を他の関数で使う

```
}
void main()
{
   int i;
   int data[][2]={{4,3},{11,5},{24,7}};
   OSCCON = 0x68;//4MHz
   TRISA = 0x0f;//下位4bit入力
   TRISB = 0x00;//全bit出力
   ANSELA = 0x00;  //デジタル
   LATB = 0xff;//LEDをすべて消灯
   while(1){
     for(i=0;i<3;i++){
        LATB = ~tasu(data[i]);
        __delay_ms(1000);
     }
   }
}
```

このプログラムのように、「ポインタ」を使うことになります。

そして、「配列要素」(配列の中身) ではなく、「配列の定義されているアドレス」を渡します。

渡された関数側では、「アドレス」を受けて、その「アドレスの中身」を参照することで、結果的に「main」で定義された配列にアクセスできるのです。

このようなやり方を「参照によるデータ渡し」と言います。

なお、「tasu( )関数」のリターンの記述は2通り書いてありますが、

```
po[0] + po[1];
```

という記述は、便宜上許されている表記であって、「po」という配列が新たに宣言されたわけではありません。注意してください。

2.17 2つ以上の値を返す関数

関数で、直接返せる値は1つだけです。

しかし、2つ以上の値を得たいという場合は、少なくありません。

この場合は、直接ではなく、間接的に「ポインタ」を介して受け取ることができます。

*

次のプログラム例を見てください。

・CCS-C コンパイラ

```
//--------------------------------------------------------
// CCS-C
// PIC16F1827 2つ以上の値を返す関数例
//--------------------------------------------------------
#include <16F1827.h>
#fuses INTRC_IO,NOMCLR
#use delay (clock=4000000)
void tasuhiku(int* rt1,int* rt2,int d1,int d2)
{
    *rt1=d2+d1;
    *rt2=d2-d1;
}
void main()
{
   int i,a,b;
   int data[][2]={{1,1},{2,3},{1,6}};
   set_tris_a(0xf);//下位4bit入力ポート設定
   set_tris_b(0x0);//全8bit出力ポート設定
   output_b(0xff);//すべてのLEDを消灯

   while(1){
      for(i=0;i<3;i++){
        tasuhiku(&a,&b,data[i][0],data[i][1]);
        output_b(~a); //答え 2,5,7
        delay_ms(1000);//表示は ２０５１７５ の順となる
        output_b(~b); //答え 0,1,5
        delay_ms(1000);
      }
   }
}
```

・XC コンパイラ

```
//--------------------------------------------------------
// XC
//    PIC16F1827 2つ以上の値を返す関数例
```

[2.17] 2つ以上の値を返す関数

```c
//----------------------------------------------------
#include <htc.h>
/*コンフィグ設定 */
__CONFIG(FOSC_INTOSC  & MCLRE_OFF & WDTE_OFF);
#define _XTAL_FREQ   4000000   //4MHz
void tasuhiku(int* rt1,int* rt2,int d1,int d2)
{
    *rt1=d2+d1;
    *rt2=d2-d1;
}
void main()
 {
   int i,a,b;
   int data[][2]={{1,1},{2,3},{1,6}};
   OSCCON = 0x68;//4MHz
   TRISA = 0x0f;//下位4bit入力
   TRISB = 0x00;//全bit出力
   ANSELA = 0x00; //デジタル
   LATB = 0xff;//LEDをすべて消灯
   while(1){
      for(i=0;i<3;i++){
       tasuhiku(&a,&b,data[i][0],data[i][1]);
       LATB = ~a; //答え 2,5,7
       __delay_ms(1000);//表示は ２０５１７５ の順となる
       LATB = ~b; //答え 0,1,5
       __delay_ms(1000);
      }
   }
}
```

　このプログラムでは、参照によって「足し算の答」と「引き算の答」を受け取るための「変数a,b」を用意して、変数に「&」を付けてそのアドレスを関数に与えます。

　そして、「関数側」では、「受け取った変数のアドレス」に「計算結果」を代入するだけです。

> ※ 引き算の結果は、マイナスにならないように、大きいほうから小さいほうを引くようにしています。

＊

　これで、「main」側では、「a」と「b」の変数を「ポートb」に出力すればいいだけです。

「C言語」プログラムの基礎

LEDの点灯は、「2,0,5,1,7,5」の順で「2進数」で点灯します。

「tasuhiku 関数」の型は「void」にして値を返さない関数という設定にしていますが、これは、直接返す値がないので、そうしています。
もし、足し算の結果だけでも直接値を返したいのであれば、「int 型」にすることもできますが、一方は「直接」、一方 (引き算結果) は「間接」では、なんとなくバランスが悪いのでこのようにしています。
ですから、「void」というのは、あくまでも「直接渡しで返す値がない」ということです。

＊

この手法を使うことで、2個の値だけでなく、何個の値でも返すことが可能になるので、ぜひ、マスターしてください。

2.18 「負の数」を扱う

0章の基礎では、コンピュータで「正の数」と「負の数」を扱う考え方を説明しました。
プログラムを書くときにも、そのことは意識しなくてはいけません。

PIC用のミドルレンジ「CCS-C コンパイラ」では、単に「int」として変数を宣言すると、「符号なし (unsigned) 1バイト」になります。

> ※「XC コンパイラ」では、「int」は「2バイト符号あり」となっており、1バイトの変数は「char」となるので、以下の説明は「CCS-C」の場合になります。

つまり、この場合使える数の範囲は、「0～255」となります。

「負の数」を扱う場合は、次のように記述します。

```
signed int a;
```

パソコンなどの一般的な「C言語」では、デフォルトで「符号あり」の「signed」で、「符号なし」で使いたい場合には「unsigned」で指定します。

[2.18]「負の数」を扱う

「CCS-C」で、「signed int a;」としたときの「変数 a」に設定可能な数値は、「− 128」から「+ 127」となります。

*

では、次のプログラムで、「負の数」を扱ってみましょう。

・CCS-C コンパイラ

```
//-------------------------------------------------------
// CCS-C
// PIC16F1827  「負の数」を扱う例
//-------------------------------------------------------
#include <16F1827.h>
#fuses INTRC_IO,NOMCLR
#use delay (clock=4000000)
void main()
{
   signed int ans;//「負の数」を使う設定 (-128から+127まで)
   set_tris_a(0xf);//下位4bit入力ポート設定
   set_tris_b(0x0);//全8bit出力ポート設定
   output_b(0xff);//すべてのLEDを消灯
   ans = 12-13 ;   //答えは-1
   while(1){
       output_b(~ans);
   }
}
```

・XC コンパイラ

```
//-------------------------------------------------------
// XC
// PIC16f1827  「負の数」を扱う例
//-------------------------------------------------------
#include <htc.h>
/*コンフィグ設定 */
__CONFIG(FOSC_INTOSC  & MCLRE_OFF & WDTE_OFF);
#define _XTAL_FREQ  4000000   //4MHz
void main()
 {
   int ans;   //「負の数」を使う設定 (-32768から+32767まで)
   OSCCON = 0x68;//4MHz
   TRISA = 0x0f;//下位4bit入力
   TRISB = 0x00;//全bit出力
   ANSELA = 0x00; //デジタル
```

第2章 「C言語」プログラムの基礎

```
    LATB = 0xff;//LEDをすべて消灯
    ans = 12-13; //答えは-1
    while(1){
        LATB = ~ans;
    }
}
```

結果は、「-1」として、「0xFF」となり、すべてのLEDが点灯しました。基礎で学んだとおりの結果です。

しかし、あえて、「signed」指定をしなくても、LEDの点灯状態の結果は同じなのです。

「それならば、signed指定などしなくてもいいじゃないか」と思うかもしれませんが、そんなことはありません。

次のプログラムで実験してみましょう。

・CCS-C コンパイラ

```
//------------------------------------------------------
// CCS-C
// PIC16F1827 「負の数」を扱わない 終わらない「forループ」例
//------------------------------------------------------
#include <16F1827.h>
#fuses INTRC_IO,NOMCLR
#use delay (clock=4000000)
void main()
 {
    int i;// 「負の数」を扱わない設定（0から＋255まで）
    set_tris_a(0xf);//下位4bit入力ポート設定
    set_tris_b(0x0);//全8bit出力ポート設定
    output_b(0xff);//すべてのLEDを消灯
    for(i=16;i>=0;i--){
        output_b(~i);
        delay_ms(500);
    }
 }
```

・XC コンパイラ

```
//------------------------------------------------------
// XC
// PIC16F1827 「負の数」を扱わない 終わらないForループ例
```

[2.18]「負の数」を扱う

```c
//------------------------------------------------------
#include <htc.h>
/*コンフィグ設定 */
__CONFIG(FOSC_INTOSC  & MCLRE_OFF & WDTE_OFF);
#define _XTAL_FREQ  4000000   //4MHz
void main()
 {
    unsigned int i;//「負の数」を扱わない設定（0から＋65535まで）
    OSCCON = 0x68;//4MHz
    TRISA = 0x0f;//下位4bit入力
    TRISB = 0x00;//全bit出力
    ANSELA = 0x00;  //デジタル
    LATB = 0xff;//LEDをすべて消灯

    for(i=16;i>=0;i--){
        LATB = ~i;
        __delay_ms(500);
    }
}
```

このプログラムでは、「i」の値が「16」から「1」ずつ減っていって、「0」まで達して終わるはずです。

これまでのプログラムで入れていた繰り返しのための「while文」の記述はありませんので、「0」になった時点で終わるはずです。
しかし、実行結果は、「終わらない」のです。

これは、「0 － 1」の計算結果として「－1」とならないので、終わらないものと考えられます。

> ※「CCS-C」では、「int」のデフォルトは「符号なし」(unsigned) で、「XC」はデフォルトは「符号あり（signed)になっているので、注意してください。

このプログラムを正しく機能させるためには、きちんと「－1」を検知させるようにしなくてはいけません。
そのためには、

signed int i;

として、「負の数」を扱うようにするだけです。

※「XC」では、「while (1)」の設定がなくても、プログラムを繰り返すので、LEDの表示は、「16」から「0」を繰り返します。

このように、変数において「負の数」を扱うかどうかは、しっかりと判断して、「型宣言」に反映させなくていけません。

2.19 データをまとめて扱う「構造体」

最後に、「C言語」の特徴的概念でもある「構造体」というものについて学習します。

*

この考え方は、この先「C++」を学ぶ上では欠かせないものとなるので、「C++」まで学んでいこうとする人は必須の概念になります。

しかし、「マイコン」の「C言語」プログラムを作っていくことを主にする場合は、必ずしも、使わなければいけないというものではありません。

*

では、さっそくプログラム例で見ていきましょう。

・CCS-C コンパイラ

```
//------------------------------------------------------
// CCS-C
// PIC16F1827 構造体の例
//------------------------------------------------------
#include <16F1827.h>
#fuses INTRC_IO,NOMCLR
#use delay (clock=4000000)
void main()
 {
   struct ko{
       char c;
       long d;
   };
   struct ko dat;

   set_tris_a(0xf);//下位4bit入力ポート設定
   set_tris_b(0x0);//全8bit出力ポート設定
   output_b(0xff);//すべてのLEDを消灯
```

[2.19] データをまとめて扱う「構造体」

```
    dat.c = 'M';//Mのアスキーコードは 4d (0100,1101)
    dat.d = 200;// 200(c8 1100,1000)
    while(1){
      output_b(~dat.c);
      delay_ms(2000);
      output_b(~dat.d);
      delay_ms(2000);
    }
}
```

・XC コンパイラ

```
//--------------------------------------------------
// XC
// PIC16F1827 構造体の例
//--------------------------------------------------
#include <htc.h>
/*コンフィグ設定 */
__CONFIG(FOSC_INTOSC & MCLRE_OFF & WDTE_OFF);
#define _XTAL_FREQ 4000000   //4MHz
void main()
 {
    struct ko{
         char c;
         long d;
    };
    struct ko dat;

    OSCCON = 0x68;//4MHz
    TRISA = 0x0f;//下位4bit入力
    TRISB = 0x00;//全bit出力
    ANSELA = 0x00;  //デジタル
    LATB = 0xff;//LEDをすべて消灯

    dat.c = 'M';//Mのアスキーコードは 4d (0100,1101)
    dat.d = 200;// 200(c8 1100,1000)
    while(1){
      LATB = ~dat.c;
      __delay_ms(1000);
      LATB = ~dat.d;
      __delay_ms(1000);
    }
}
```

第2章 「C言語」プログラムの基礎

　このプログラムを実行すると、LEDの表示は、「4d」と「c8」の値が「2進数」で表示されるだけです。
　これに何の意味があるかと言われれば、このプログラムだけでは、何の便利さも特徴もありません。

　それどころか、単に次のようにしてもプログラム全体の動作は同じです。

```
char  c='M';
long  d=200;
```

　とは言え、まず、「構造体」の記述のルールを図で説明します。

■「構造体」とは

　「構造体」を定義するのは、「意味をもった複数のデータ」です。

　複数のデータをまとめるならば、「配列」という概念を学習しました。
　「配列」を使えば、期末試験のデータなど意味をもった複数のデータをまとめていることになります。

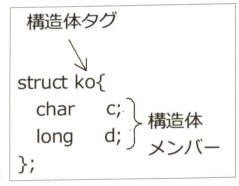

構造体

　「構造体」が「配列」と異なるのは、「型の異なるデータも1つにまとめることができる」という点です。
　「配列」を定義するときには、次のようなことはできません。

```
int   data[3]={132,'T',"Tokyo"};
```

　なぜなら、「132」は「int型」で、「T」は「char型」、「"Tokyo"」は「char型の配列」と、それぞれ、型が異なるからです。
　しかし、この3つのデータが何かしらの関連性をもっているとしたら、それぞれをバラバラのデータ配列でもつよりも、ひとまとまりにして扱えたほ

[2.19] データをまとめて扱う「構造体」

うが、プログラムとしては分かりやすくなります。

そこで考えられたのが、**「構造体」**です。

■「構成メンバー」を定義

「構造体」を使うためには、まず、どういうデータ構造を作りたいのか、その「構成メンバー」を定義します。

これは、プログラマーが自由に定義できる、オリジナルの「型」です。

● 構造体タグ

図の「ko」とした部分は、「構造体タグ」と呼ばれ、そのオリジナル型につけた任意の名称です。

今回は「構造体」の頭 2 文字をとって「ko」としましたが、アルファベット文字であれば何でも OK なので、分かりやすい名前にします。

● 予約語

その「構造体タグ」の前にある「struct」はキーワードで「予約語」です。必ずこの単語を書きます。

● メンバーの「型」と「名前」を定義

そして、「{ }」で囲まれた部分に、構造体を構成するメンバーの「型」と「名前」を定義します。

ここで重要なことは、この定義は、あくまでも「型」であって、「実体」ではないということです。

ですから、たとえば次のような記述はできません。

```
struct ko{
   char c='M';
   long d=200;
};
```

「C言語」プログラムの基礎

> ●インスタンス

　定義した構造体の実体のことを「インスタンス」とも呼びます。

　「インスタンス」を定義するには、次のように、定義した「構造体タグ」を使って、

```
struct ko dat;
```
のように書きます。

　この記述によって、定義した構造体「ko」のインスタンスとして、「dat」が使えるようになるので、実際の値などは、この「dat」に対して代入していきます。

　しかし、「dat」は、これまでならば、それが1つの「int型」などの変数として使えましたが、構造体では「dat」は、定義されたすべてのメンバーを表わすのですが、メンバーを個別に指定できないと、代入などができません。

*

　そこで、「dat」の個別のメンバーを指定する方法として、次のような記述をすることが決められています。

```
data.c = 'M';
data.d=200;
```

　実体としての「dat」の後に「ドット」(.)を付けた後に「メンバー名」を書きます。

　これで、これまでの変数と同じように扱えることになります。

*

　また、書き方のルールですが、

```
struct ko{
        char c;
        long d;
};
 struct ko dat;
```
と書きましたが、重複して「struct ko」を記述するのは煩わしいので、次

[2.19] データをまとめて扱う「構造体」

のように書くことが許されています。

```
struct ko{
        char c;
        long d;
} dat ;
```

● 「配列」をもつ

「構造体」では、「配列」をもつこともできます。
次のような例です。

・CCS-C コンパイラ

```
//----------------------------------------------------
// CCS-C
// PIC16F1827 構造体配列の例
//----------------------------------------------------
#include <16F1827.h>
#fuses INTRC_IO,NOMCLR
#use delay (clock=4000000)
void main()
struct ko{
        char c;
        long d;
    } dat[]={{'T',0x10},{'o',0x20},{'k',0x30},{'y',0x40},{'o',0x50}};
    int i;
    set_tris_a(0xf);//下位4bit入力ポート設定
    set_tris_b(0x0);//全8bit出力ポート設定
    output_b(0xff);//すべてのLEDを消灯
    while(1){
      for(i=0;i<5;i++){
        output_b(~dat[i].c);
          delay_ms(1000);
        output_b(~dat[i].d);
          delay_ms(1000);
      }
    }
}
```

第2章 「C言語」プログラムの基礎

・XC コンパイラ

```c
//--------------------------------------------------
// XC
// PIC16F1827 構造体配列の例
//--------------------------------------------------
#include <htc.h>
/*コンフィグ設定 */
__CONFIG(FOSC_INTOSC  & MCLRE_OFF & WDTE_OFF);
#define _XTAL_FREQ  4000000   //4MHz
void main()
struct ko{
       char c;
       long d;
   } dat[]={{'T',0x10},{'o',0x20},{'k',0x30},{'y',0x40},{'o',0x50}};
   int i;
   OSCCON = 0x68;//4MHz
   TRISA = 0x0f;//下位4bit入力
   TRISB = 0x00;//全bit出力
   ANSELA = 0x00;  //デジタル
   LATB = 0xff;//LEDをすべて消灯
   while(1){
     for(i=0;i<5;i++){
        LATB = ~dat[i].c;
           __delay_ms(1000);
        LATB = ~dat[i].d;
           __delay_ms(1000);
     }
   }
}
```

　「マイコン」のプログラミングでは、必ずしも構造体がないと処理できないということはありませんが、構築しようとするシステムによっては、プログラムが分かりやすくなるというメリットはあるので、そのような場合には、使う価値があります。

*

　今回は、説明を省略しますが、「構造体」では、「メンバーの一括代入」などの便利な機能もあるので、複数のメンバーデータの並べ替えを伴うようなプログラムなどでは、威力を発揮します。

第3章

「PICマイコン」システムの設計の基礎

2章では、「PICマイコン」で「C言語」を使うための基礎を学びました。

みなさんが目的するモノを作りたいと思ったとき、まず、「PIC」を使ったハード（電子回路）を設計することになりますが、この章では、その際にポイントになることを身近な題材を使って述べます。
また、その設計したハードに対する具体的な「マイコン」プログラミングのポイントも併せて述べます。

3.1　目的を決定し、「PICマイコン」の選択

今回は、これまでの学習の応用として、「電子サイコロ」を設計して、完成させます。

*

「電子サイコロ」には、基礎を学んだうえで、その応用をしていくために好都合なプロセスがいくつか含まれます。

さっそく、「電子サイコロ」を作るための設計から入っていきましょう。

「電子サイコロ」基板

■ LEDで表現

まず、「サイコロ」をどのように表現するかということについては、身近な存在なだけに、それほど難しいことはないと思います。

第3章 「PICマイコン」システムの設計の基礎

「サイコロの目はLED7個で表現すればいい」ということでいいですね。

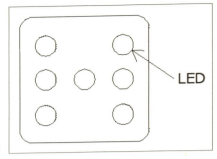

7個のLEDを使って構成

「7個のLEDを使う」ということが決定すると、一般的には、「PICマイコン」のI/Oポートとしては、「7つ以上あるものが必要」ということになります。

ですから、「8ピン・マイコン」はNGとなります。

「14ピン」のものも使えますが、今回は、**第1章**から**第2章**で使った「学習ボード」で使った、「18ピンタイプ」の「PIC16F1827」をそのまま使いたいと思います。

ピン配置が同じである、「PIC16F819」でもOKです。

■ 設計

ここで、「サイコロ」は、2つにして設計したいと思います。

なぜなら、そのほうが、「マイコン」で「モノ」を設計する際のノウハウをいくつか取り上げることができるからです。

*

サイコロ1個でLEDを7つ使い、そのLEDのための「I/Oポート」は7つ、「start」と「stop」ボタンも入れると8つ必要ですから、サイコロを2つ表現するとなると、当然「I/Oポート」も「16ポート」必要になると思うかもしれません。

そこをどう設計するかが、「マイコン」を使ったハード設計で重要になるところです。

「PIC16F1827」は、「aポート」が8つ（内1ポートは入力専用）、「bポート」が8つあります。

ポート数だけ考えれば、ぴったり「16ポート」確保できます。

[3.1] 目的を決定し、「PICマイコン」の選択

＊

しかし、サイコロを3つ4つと増やしても対応可能な方法でやってみたいと思います。

つまり、「PIC」のポートを節約する方法です。

サイコロの目には、次のように、接続するPICのポートを割り振ります。

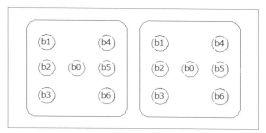

2個のサイコロの目のLEDをPICのb0～b6に接続する

ここで、2つのサイコロの目のLEDの接続ポートは同じになっています。

普通に考えると、これでは、2つのサイコロは常に「ゾロ目」(同じ数)になってしまいます。

でも、そうならないように工夫した回路にします。

■ダイナミック点灯方式

では、回路図を示します。

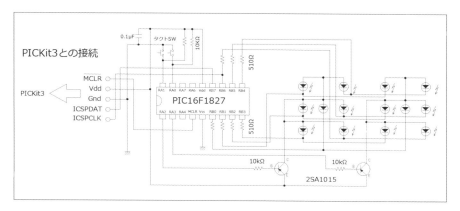

第3章 「PICマイコン」システムの設計の基礎

　この回路図を見ると、2つのサイコロのそれぞれの同じ位置のLEDの「カソード端子」(マイナス側) はつながっています。
　そのため、もし、それぞれの「アノード」がそのまま「+端子」につながっていると、同時に同じ位置のLEDが点灯してしまいます。

　そこで、そうならないように、2つのサイコロの「アノード端子(+)」は2つのトランジスタのコレクタにつないで、点灯を制御するようにしています。
　どのように制御するかというと、2つのサイコロが同時に点灯しないように、どちらか1つの「トランジスタ」だけをアクティブにするのです。
　それは、「PIC」の「RA2,RA3端子」からの信号で行ないます。

*

　「2つのサイコロが同時に点灯しないんじゃ、意味ないでしょう!」と思うかもしれませんが、速いスピードで2つのサイコロを交互に点灯させると、あたかも、同時に点灯しているように見えるのです。

　どれぐらいの速さで行なうかと言うと、「2/1000秒」程度です。
　このような点灯方式を「ダイナミック点灯方式」といい、「7セグLED」の点灯などでもよく使われる手法で、ポピュラーな方式です。

　この方法を使えば、「**PIC16F1827**」では、まだ出力に使えるポートが、3つあるので、さらに3つのサイコロを追加でき、合計5桁のサイコロでも実現可能です (スイッチを追加しない場合)。

*

　また、2つ付けてあるプッシュスイッチは、サイコロの「start」と「stop」を行なうもので、2つのサイコロをそれぞれ独立して制御できるようにするものです。

■ テストプログラム

　基板が完成したら、次にプログラムの作成になるわけですが、すぐに「サイコロ」のプログラムを作るのではなく、まず、「テスト・プログラム」を作ります。

　これは、作った基板が設計したとおりに機能するかどうかを確認するため

[3.1] 目的を決定し、「PICマイコン」の選択

です。

これを怠ると、「サイコロ」プログラムが期待どおりに動かなかったときに、回路に不具合があるのか、プログラムに不具合があるのかを特定しにくくなります。

ですから、まずは、簡単な「チェック・プログラム」を作って、今回の回路であれば、各 LED が正しく点灯するかどうか、プッシュスイッチは正しく機能しているかなどが確認できるようなプログラムを作ります。

*

たとえば、次のようなプログラムです。

・CCS-C コンパイラ

```
//------------------------------------------------
// CCS-C   saikoro
//   サイコロ基板　テストプログラム
// PIC16F1827 Clock 4MHz
//------------------------------------------------
#include <16F1827.h>
#fuses INTRC_IO,NOMCLR
#use delay (clock=4000000)
void main()
 {
  int i;
  set_tris_a(0x3); //a0,a1ピンを入力に設定
  set_tris_b(0x0); //b0?b7ピンすべてを出力に設定
  setup_oscillator(OSC_4MHZ);//内蔵のオシレータの周波数を4MHzに設定

  output_b(0xfe);//b0-LEDを点灯
  while(1){
      if(input(PIN_A0)==1){
         output_high(PIN_A2);//LEDを消灯
      }
      else{
        output_low(PIN_A2);//LEDを点灯
      }
      if(input(PIN_A1)==1){
         output_high(PIN_A3);//LEDを消灯
      }
```

第3章 「PICマイコン」システムの設計の基礎

```
    else{
        output_low(PIN_A3);//LEDを点灯
    }
  }
}
```

・XC コンパイラ

```c
//------------------------------------------------
// XC    saikoro
//  サイコロ基板 テストプログラム
// PIC16F1827 Clock 4MHz
//------------------------------------------------
#include <htc.h>
/*コンフィグ設定 */
__CONFIG(FOSC_INTOSC  & MCLRE_ON & WDTE_OFF);
#define _XTAL_FREQ  4000000   //4MHz
void main(void)
{
  OSCCON = 0x68;//4MHz
  TRISA = 0x03;//下位2bit入力
  TRISB = 0x00;//全bit出力
  ANSELA = 0x00; //デジタル
  LATB = 0xfe;//b0-LEDを点灯

    if(PORTAbits.RA0==1){
      LATA2 = 1;//LEDを消灯
    }
    else{
      LATA2 = 0;//LEDを点灯
    }
    if(PORTAbits.RA1==1){
      LATA3 = 1;//LEDを消灯
    }
    else{
      LATA3 = 0;//LEDを点灯
    }
}
```

[3.1] 目的を決定し、「PICマイコン」の選択

　この「テスト・プログラム」では、2つある「プッシュ・スイッチ」の状態を見て、「左のスイッチ」を押すと、「左サイコロの中心のLED」が点灯し、「右のスイッチ」を押すと、「右サイコロの中心のLED」が点灯します。

*

　これがまず、うまく動作することを確認したら、「0xfe」を変更して、点灯するLEDを変えて、すべてのLEDのチェックをしていきます。

```
output_b(0xfe);//b0-LEDを点灯　（CCS-C）
LATB = 0xfe;//b0-LEDを点灯　　　（XC）
```

■ 2つのサイコロを点灯させるためのプログラムの設計

　「マイコン」のプログラムは、基本的には、「マイコン」を含む電子回路が確定し、その実際の電子回路基板が完成してから、作成することになります。

　今回は、「ダイナミック点灯方式で2つの独立したサイコロを表示する回路」が完成しているので、それに対するプログラミングを行なうことになります。

*

　まず、最初に考えることは、「b0～b6」に接続したLEDにどんなデータを送ったら、サイコロの1～6の目を表現できるかを考えます。

　ちょうど次のページのような表になります。
　この表に出てきた、「01、42、19、5a、5b、7e」が定義するデータになります。

　この6つの数値には、数字としての意味はまったくありません。
　あくまでも、サイコロの目を表現する、LEDの点灯パターン値でしかありません。

*

　では、このパターンデータを使って、プログラムを作ってみましょう。

　もし、自力で、プログラムを完成させられたら、もう、「C言語」の基礎は身に付いたと思ってもいいでしょう。
　自信のある方は、挑戦してみてください。

第3章 「PICマイコン」システムの設計の基礎

サイコロの目とデータ

サイコロの目	配置	a6	a5	a4	a3	a2	a1	a0	16進表記
1	中央	0	0	0	0	0	0	1	01
2	対角	1	0	0	0	0	1	0	42
3	斜め	0	0	1	1	0	0	1	19
4	四隅	1	0	1	1	0	1	0	5a
5	四隅+中央	1	0	1	1	0	1	1	5b
6	六点	1	1	1	1	1	1	0	7e

・CCS-C コンパイラ

```
//------------------------------------------------
// CCS-C  saikoro
// サイコロ基板 プログラム（割り込み処理なし）
// PIC16F1827 Clock 4MHz
//------------------------------------------------
#include <16F1827.h>
#fuses INTRC_IO,NOWDT,NOMCLR
```

[3.1] 目的を決定し、「PICマイコン」の選択

```c
#use delay (clock=4000000)
const int data[]={0x01,0x42,0x19,0x5a,0x5b,0x7e};//出目のパターン定義
int sw[2]={0},me[2]={0,5};
void sainome()
{
    int i,dr;
    for(i=0;i<2;i++){//回転かストップ状態かを決定
        if(sw[i]){
            me[i]++;
            me[i]%=6;
        }
    }
    dr=0xb;
    for(i=0;i<2;i++){
        output_a(dr);
        output_b(~data[ me[i] ]);
        delay_ms(10);//LED点灯時間
        output_b(0xff);//サイコロの目を消灯
        delay_us(100);//LED消灯時間
        dr<<=1;
    }
    delay_ms(10);//回転のスピードを決める　(10)値を大きすると遅くなるが
                 //停止表示時のちらつきが増える
}
void main()
{
  int i,in,inb;
  set_tris_a(0x3);  //a0,a1ピンを入力に設定
  set_tris_b(0x0);  //b0?b7ピンすべてを出力に設定
  setup_oscillator(OSC_4MHZ);//内蔵のオシレータの周波数を4MHzに設定

  output_a(0xc);
  output_b(0xff);//サイコロの目を消灯
  while(1){
      while(in=input_a() & 0x3,in==0x3){//タクトスイッチが押されていない間
          sainome();                    //待つ
      }
      while(in=input_a() & 0x3,in==1 || in==2){//タクトスイッチが
```

第3章 「PICマイコン」システムの設計の基礎

```c
            sainome();                              //押されている間待つ
            inb=in;
        }
        switch(inb){
          case 2:sw[0]++; sw[0]%=2;break;//sw[]の値によって回転状態か
          case 1:sw[1]++; sw[1]%=2;       //ストップ状態なのかを検知する
        }
        sainome();
    }
}
```

・XC コンパイラ

```c
//------------------------------------------
//   XC  saikoro
//   サイコロ基板　プログラム（割り込み処理なし）
// PIC16F1827 Clock 4MHz
//------------------------------------------
#include <htc.h>
/*コンフィグ設定 */
__CONFIG(FOSC_INTOSC & MCLRE_ON & WDTE_OFF);
#define _XTAL_FREQ  4000000  //4MHz
const int data[]={0x01,0x42,0x19,0x5a,0x5b,0x7e};
int sw[2]={0},me[2]={0,5};
void sainome()
{
    int i,dr;
    for(i=0;i<2;i++){//回転かストップ状態かを決定
        if(sw[i]){
            me[i]++;
            me[i]%=6;
        }
    }
    dr=0xb;
    for(i=0;i<2;i++){
        LATA = dr;
        LATB = ~data[ me[i] ];
        __delay_ms(10);//LED点灯時間
        LATB = 0xff;//サイコロの目を消灯
```

[3.1] 目的を決定し、「PIC マイコン」の選択

```
            __delay_us(100);//LED消灯時間
            dr<<=1;
        }
        __delay_ms(10);//回転のスピードを決める  (10)値を大きくすると遅くなるが
                      //停止表示時のちらつきが増える
}
void main()
 {
  int i,in,inb;
  OSCCON = 0x68;//4MHz
  TRISA = 0x03;//下位2bit入力
  TRISB = 0x00;//全bit出力
  ANSELA = 0x00;  //デジタル
  LATA = 0xc;
  LATB = 0xff;//サイコロの目を消灯
  while(in=PORTA & 0x3,in==0x3){//タクトスイッチが押されていない間
      sainome();                      //待つ
  }
  while(in=PORTA & 0x3,in==1 || in==2){  //タクトスイッチが押されている
      sainome() ;                     //間待つ
      inb=in;
  }
  switch(inb){
          case 2:sw[0]++; sw[0]%=2;break;//sw[]の値によって回転状態か
          case 1:sw[1]++; sw[1]%=2;        //ストップ状態なのかを検知する
  }
  sainome();
}
```

どうでしょうか。

それほど長いプログラムではないことに、驚くのではないでしょうか。

プログラムは、その書き方によって当然全体の動きかが違ってきますが、ほぼ同じ動きをするプログラムでも、書いた人によって、同じになることはまずありません。

この「サイコロ」の例でも、同じ回路基板を使っても、別の人が書けば異なるものになります。

ですから、もし、読者の方が、自分でプログラムを書いて動いたとしたら、

第3章 「PICマイコン」システムの設計の基礎

それはそれで、貴重なものです（もちろん、書き方について、良し悪しはありますが…）。

しかし、「絶対このプログラムがいい」ということを判断するのは、かなり難しいことですから、今回示したプログラムよりも、もっといいプログラムは書けるはずです。

■ プログラム解説

では、主要な部分について、解説していきます。

●出目のパターンの定義配列

まず、「サイコロ」の出目のパターンの定義配列ですが、今回は、「const指定」をして、「グローバルな配列」として関数外で定義しています。

これは、「sainome()」内で定義しても、問題はありませんが、配列内容を変更することがないので、「const指定」をしてあります。

「const指定をしないとどうなのか？」と言われれば、今回の場合は「しなかったとしても、本体動作は変わらない」ということになります。

今回のように、定義データ数が少なければ、「const指定」をして、RAM領域外に取らなかったとしても問題はありません。

ですが、定義データ数が多くなる場合で、プログラム動作後に変更する必要がない場合は、「const指定」をしないとRAM容量が足りなくなり、「out of memory」となることがあるので、覚えておいてください。

●出目の回転を制御

次に、

```
int sw[2]={0},me[2]={0,5};
```

の配列定義です。

「sw[ ]」は、2つのサイコロの「出目の回転をスタートさせたり、止めたりする」ためのプログラムスイッチです。

[3.1] 目的を決定し、「PIC マイコン」の選択

今回のプログラムでは、ボタンを一旦押すと、手を放しても、回転であれば回転状態が、ストップであればストップ状態を保つようにしています。

つまり、「今、どちらの状態であるかを記憶している配列」です。

「たった2つの変数のために配列を取るの？」と思う人もいるかもしれませんが、配列の強みは、[ ] 内に変数を使える点です。

この後のプログラムで、「ループ処理」で2つのスイッチの状態を検知していますが、プログラムが短く書けていることが分かります。

このやり方であれば、ボタンの数が増えても、プログラムの行は増えません。

*

「me[ ]」の配列は、「出目の値を保持」しているものです。

サイコロは2つあるので、me[0] と me[1] があるわけですが、これも先ほど説明した理由で、配列でとっておいたほうが、サイコロを増やした場合でも、すぐに対応できます。

● sainome( ) 関数

次に、「sainome( )」という関数です。

これを関数にしたのは、「main」を見てもらえば分かりますが、「sainome( )」を3回呼び出しています。

つまり、関数を作らないと、同じことを3回書かなければいけないのです。

関数にしたことで、「main 関数」における記述がすっきりして、見通しが付けやすくなていることが分かります。

● while 文

次に、「main( )」にある、2つの「while 文」です。

```
while(in=input_a() & 0x3,in==0x3){// タクトスイッチが押されていない間
    sainome();                    // 待つ
}
while(in=input_a() & 0x3,in==1 || in==2){// タクトスイッチが
    sainome();                           // 押されている間待つ
    inb=in;
}
```

第3章 「PICマイコン」システムの設計の基礎

　第2章でも説明したとおり、タクトスイッチの「オペレーション待ち」における記述になっています。

＊

　最初の「while」では、「2つあるタクトスイッチのどちらも押されていない間、ここで待っている」という記述です。

　ここで重要なことは、待っている間でも、「サイコロの目の表示ルーチンを実行しないと、表示が行なわれなくなる」ということです。

　ですから、ループ内では、「sainome( )」を呼び出す記述をしています。

　それでも、関数名を1行書いているだけなので、とてもすっきりしています。

＊

　そして、次の「while文」にある、「inb＝b;」が、ちょっと難しいですね。

　これは、前の「while文」と同じように、書けそうな気もします。
次のようにです。

```
while((in=input_a() & 0x3,in==1 || in==2){  //タクトスイッチが押
されている間待つ
    sainome();
}
```

　これでは、なぜだめなのか分かるでしょうか。

　前の、「while文」を抜けてくるには、2つあるタクトスイッチのどちらか一方が押されたときです。

　それは、「in」の値が、「1」か「2」になれば、そのようになります。

　そして、そのどちらかのスイッチが押されている間はこのループを回り、離されれば、ループを抜けて、次のルーチンに降りていき、押されたボタンの状態によってプログラムスイッチの「sw[ ]」の値を決定する。

　これで何の問題もなさそうですよね。

＊

　でも、これでは、なぜか、ボタンを押しても、「sainome」は一向に動く気配がありません。

　この原因は、スイッチが押されている間ループを回り、抜けるときの「in」

[3.1] 目的を決定し、「PICマイコン」の選択

の値は、「1」でも「2」でもない値であり、その後の「switchで」は、「1」でも「2」でもない値を判定していることになります。

それが理由です。

この類の論理的エラーを解決するのは、かなりプログラム作成能力が上がってこないとできないことです。

ですから、最初から、「こんなの解決できないよー」と思わずに、経験を重ねてください。

理由は分かったと思いますが、どう解決するかということになります。

＊

原因は、抜けるときに、「in」の値が1, 2ではなくなってしまっていることですよね。

この解決策は、いろいろあると思います。

それを考えられるようになれば、プログラム能力は高まっていると思ってもいいでしょう。

＊

ループを抜ける直前の「in」の値を、別の変数に保持しておけば、問題は一気に解決します。

つまり、「inb = in;」という記述です。

この一文を入れておけば、「in」の値は、ループを抜けるときに変化しますが、その直前の値は、記憶されている（「1」または「2」）ので、この「inb」の値を次の「switch文」で使えばいいのです。

● 値を繰り返す

次に、「switch文」の中の「sw[0]++; sw[0]%=2;」という記述です。

これも**2章**の基礎で述べましたが、「sw[ ]」の値を、「0,1,0,1,0,1…」と繰り返させるための記述です。

「メカニカル・オルタネイト・スイッチ」をプログラム的にやる手法です。

もちろん、これは、次のようにも書けます。

```
sw[0]++;
if(sw[0]>1){
   sw[0] = 0;
}
```

第3章 「PICマイコン」システムの設計の基礎

しかし、これは、なんとなく長いので、どうかな？ということです。

● 「回転スピード」を決定

最後、サイコロの「回転スピード」を決定する記述について説明します。

「sainome( )関数」の中に次のような記述があります。

```
delay_ms(10);// 回転のスピードを決める
```

この時間待ちをしている関数の（ ）内に記述した数値で、「回転スピード」を速くしたり、遅くしたりできます。

*

ところが少し問題があります。
この部分で待ち時間を長くしてしまうと、表示のチラつきが多くなるのです。
この理由は簡単で、「待ちの間は、LEDの表示がなされていない」からです。

もし、2つのサイコロのLEDを独立したI/Oに割り振っていれば、そのようなことは起きませんが、今回の場合、極小時間では2つのサイコロのうち1つしか点灯していません。
なので、単純に時間待ちをしてしまうと、チラつきも大きくなるということになってしまいます。

*

もちろん、この状態を解決する方法はあると思います。
読者の方も、それに挑戦してみると、また一段とプログラム能力が向上するので挑戦してみてください。

3.2 「割り込み処理」を使った「サイコロ」プログラム

　最後に、前述したプログラムを改良して、チラつきを出さずに「サイコロ」の回転スピードを変更できる方法として、「マイコン」プログラミングではよく利用される1つの手法を紹介します。

*

　それが、「タイマー割り込み」という考え方です。
　それほど難しい手法ではありませんが、詳しく説明するとなると、かなりのページ数も必用となるので、今回は、プログラム例だけにとどめたいと思います。

　このプログラムでは、表示のチラつきを増やすことなく、「回転のスピード」を自由に変えることができます。

・CCS-C コンパイラ

```c
//------------------------------------------------
// CCS-C  saikoro
//  サイコロ基板 プログラム (割り込み処理)
// PIC16F1827 Clock 4MHz
//------------------------------------------------
#include <16F1827.h>
#fuses INTRC_IO,NOWDT,NOMCLR
#use delay (clock=4000000)
const int data[]={0x01,0x42,0x19,0x5a,0x5b,0x7e};
int sw[2]={0},me[2]={0,5};
int count=0;
#int_timer0
void timer_start(){//タイマー0割り込み
  int i;
  count++;
  if(count>32){//この値(32)を小さくすると速くなる
    for(i=0;i<2;i++){
      if(sw[i]){
          me[i]++;
          me[i]%=6;
      }
    }
     count = 0 ;
  }
```

第3章 「PICマイコン」システムの設計の基礎

```c
}
void sainome()
{
    int i,dr;
    dr=0xb;
    for(i=0;i<2;i++){
        output_a(dr);
        output_b(~data[ me[i] ]);
        delay_ms(2);
        output_b(0xff);//サイコロの目を消灯
        delay_us(100);
        dr<<=1;
    }
}
void main()
 {
  int i,in,inb;
  set_tris_a(0x3); //a0,a1ピンを入力に設定
  set_tris_b(0x0); //b0?b7ピンすべてを出力に設定
  setup_oscillator(OSC_4MHZ);//内蔵のオシレータの周波数を4MHzに設定

  setup_timer_0(T0_INTERNAL | T0_DIV_64);
  set_timer0(0); //initial set
  enable_interrupts(INT_TIMER0);
  enable_interrupts(GLOBAL);

  output_a(0xc);
  output_b(0xff);//サイコロの目を消灯
  while(1){
      while(in=input_a() & 0x3,in==0x3){
          sainome();
      }
      do{
          sainome();
          inb=in;
      }while(in=input_a() & 0x3,in==1 || in==2);

      switch(inb){
          case 2:sw[0]++; sw[0]%=2;break;
          case 1:sw[1]++; sw[1]%=2;
      }
      sainome();
  }
}
```

[3.2]「割り込み処理」を使った「サイコロ」プログラム

・XC コンパイラ

```c
//----------------------------------------------
// XC    saikoro
// サイコロプログラム   タイマー割り込み
// PIC16F1827 Clock 4MHz
//----------------------------------------------
#include <htc.h>
/*コンフィグ設定 */
__CONFIG(FOSC_INTOSC & MCLRE_ON & WDTE_OFF);
#define _XTAL_FREQ   4000000   //4MHz
const int data[]={0x01,0x42,0x19,0x5a,0x5b,0x7e};
int sw[2]={0},me[2]={0,5};
int count=0;
void interrupt isr(){//タイマー0割り込み
  if(TMR0IF){
    TMR0 = 0x9e;
    TMR0IF = 0;
  }
  count++;
}
void sainome()
{
    int i,dr;
    dr=0xb;
    if(count>16){//16の値を小さくすると速くなる
      count=0;
      for(i=0;i<2;i++){
        if(sw[i]){
            me[i]++;
            me[i]%=6;
        }
      }
    }
    for(i=0;i<2;i++){
        LATA = dr;
        LATB = ~data[ me[i] ];
        __delay_ms(2);
        LATB = 0xff;//サイコロの目を消灯
        __delay_us(100);
        dr<<=1;
    }
}
void main()
```

「PICマイコン」システムの設計の基礎

```c
{
 int i,in,inb;
 OSCCON = 0x68;//4MHz
 TRISA = 0x03;//下位2bit入力
 TRISB = 0x00;//全bit出力
 ANSELA = 0x00; //デジタル
 OPTION_REG = 0x7;
 TMR0 = 0x9e;
 INTCONbits.TMR0IE= 1;
 INTCONbits.PEIE = 1;
 INTCONbits.GIE = 1;

 LATA = 0xc;
 LATB = 0xff;//サイコロの目を消灯
 while(1){
     while(in=PORTA & 0x3,in==0x3){
         sainome();
     }
     do{
         sainome();
         inb=in;
     }while(in=PORTA & 0x3,in==1 || in==2);

     switch(inb){
         case 2:sw[0]++; sw[0]%=2;break;
         case 1:sw[1]++; sw[1]%=2;
     }
     sainome();
 }
}
```

問題解答例

> プログラムは、一例であり、ここに示した以外にも多数の書き方があります。

[問題] 2-2-1

① a=2*n
② a=10 − 2*n
③ a=n*n

[問題] 2-5-1
・CCS-C コンパイラ

```
//------------------------------------------------
// CCS-C 問題2-5-1
// PIC16F1827 Clock 4MHz
//------------------------------------------------
#include <16F1827.h>
#fuses INTRC_IO,NOMCLR
#use delay (clock=4000000)
void main()
 {
  int i,d;
  set_tris_a(0xf);  //a0?a3ピンを入力に設定
  set_tris_b(0x0);  //b0?b7ピンすべてを出力に設定
  setup_oscillator(OSC_4MHZ);//内蔵のオシレータの周波数を4MHzに設定
  output_b(0xff);//LEDをすべて消灯

  while(1){
     d = 1;
     for(i=0;i<8;i++){
        output_b(~d);
        d<<=1;
        delay_ms(500);
     }
  }
}
```

問題解答例

・**XC コンパイラ**

```c
//------------------------------------------------
// XC 問題2-5-1
// PIC16F1827 Clock 4MHz
//------------------------------------------------
#include <htc.h>
/*コンフィグ設定 */
__CONFIG(FOSC_INTOSC  & MCLRE_ON & WDTE_OFF);
#define _XTAL_FREQ  4000000   //4MHz
void main()
{
 int i,d;
 OSCCON = 0x68;//4MHz
 TRISA = 0x0f;//下位4bit入力
 TRISB = 0x00;//全bit出力
 ANSELA = 0x00;  //デジタル
 LATB = 0xff;//LEDをすべて消灯

    d = 1;
    for(i=0;i<8;i++){
        LATB = ~d;
        d<<=1;
        __delay_ms(500);
    }
}
```

[問題] 2-5-2
・**CCS-C コンパイラ**

```c
    d = 0x80;
    for(i=0;i<8;i++){
      output_b(~d);
      d>>=1;
      delay_ms(100);
    }
```

・**XC コンパイラ**

```c
    d = 0x80;
    for(i=0;i<8;i++){
        LATB = ~d;
        d>>=1;
        __delay_ms(100);
    }
```

[問題] 2-5-3
・CCS-C コンパイラ

```
while(1){
      d = 1;
      for(i=0;i<8;i++){
        output_b(~d);
        d<<=1;
        delay_ms(50);
      }
      d = 0x80;
      for(i=0;i<8;i++){
        output_b(~d);
        d>>=1;
        delay_ms(50);
      }
}
```

・XC コンパイラ

```
    d = 1;
    for(i=0;i<8;i++){
        LATB = ~d;
        d<<=1;
        __delay_ms(50);
    }
    d = 0x80;
    for(i=0;i<8;i++){
        LATB = ~d;
        d>>=1;
        __delay_ms(50);
    }
```

[問題] 2-5-4
・CCS-C コンパイラ

```
while(1){
      d = 1;
      for(i=0;i<8;i++){
        d*=2;
        output_b(~(d-1));
        delay_ms(100);
      }
}
```

・XC コンパイラ

```
    d=1;
    for(i=0;i<8;i++){
        d*=2;
        LATB = ~(d-1);
```

問題解答例

```
        __delay_ms(100);
    }
```

[問題] 2-5-5
・CCS-C コンパイラ

```
while(1){
        d = 0x80;
        for(i=0;i<8;i++){
           output_b(d-1);
           delay_ms(100);
           d/=2;
        }
}
```

・XC コンパイラ

```
d = 0x80;
    for(i=0;i<8;i++){
        LATB = d-1;
        __delay_ms(100);
        d/=2;
    }
```

[問題] 2-6-1
・CCS-C コンパイラ

```
while(1){
        for(i=0;i<256;i++){
            if(i%2==0){
                output_b(~i);
                delay_ms(500);
            }
        }
}
```

・XC コンパイラ

```
    for(i=0;i<256;i++){
        if(i%2==0){
           LATB = ~i;
           __delay_ms(500);
        }
    }
```

問題解答例

[問題] 2-6-2
・CCS-C コンパイラ

```
while(1){
    for(i=0;i<256;i++){
        if(i%2==1){
            output_b(~i);
            delay_ms(500);
        }
    }
}
```

・XC コンパイラ

```
for(i=0;i<256;i++){
    if(i%2==1){
        LATB = ~i;
        __delay_ms(500);
    }
}
```

[問題] 2-6-3
・CCS-C コンパイラ

```
while(1){
    output_b(~(~input_a() & 0xf));
}
```

・XC コンパイラ

```
LATB = ~(~PORTA & 0x0f);
//LATB = PORTA | 0xf0;//↑ド・モルガンの法則を適用
```

[問題] 2-6-4
・CCS-C コンパイラ

```
while(1){
    d=~input_a();
    output_b(~((d & 0xf) | (d<<4)));
}
```

・XC コンパイラ

```
d=~PORTA;
LATB = ~((d & 0xf) | (d<<4));
```

問題解答例

[問題] 2-6-5

> [問題] 2-6-3 のプログラムと同じ

[問題] 2-6-6

・CCS-C コンパイラ

```
while(1){
   if(in != 0xf){
      d=0x80;
   }
   else{
      d=1;
   }
   for(i=0;i<8;i++){
      in=(input_a() & 0xf);
      output_b(~d);
      delay_ms(100);
      if(in != 0xf){
         d>>=1;
      }
      else{
         d<<=1;
      }
   }
}
```

・XC コンパイラ

```
if(in != 0xf){
     d=0x80;
}
else{
     d=1;
}
for(i=0;i<8;i++){
     in=(PORTA & 0xf);
     LATB = ~d;
     __delay_ms(100);
     if(in != 0xf){
         d>>=1;
     }
     else{
         d<<=1;
     }
}
```

[問題] 2-8-1
・CCS-C コンパイラ

```
d=0;
while(1){
    for(i=0;i<256;i++){
        d++;
        if(d>4){
            d=0;
        }
        output_b(~d);
        delay_ms(500);
    }
}
```

・XC コンパイラ

```
d=0;
    for(i=0;i<256;i++){
        d++;
        if(d>4){
            d=0;
        }
        LATB = ~d;
        __delay_ms(500);
    }
```

[問題] 2-9-1
・CCS-C コンパイラ

```
d=0;
  while(1){
   in = ~input_a() & 0xf;
    switch(in){
        case 1:d=3;break;
        case 2:d=15;break;
        case 4:d=63;break;
        case 8:d=255;break;
        default:d=0;
    }
    output_b(~d);
  }
```

XC コンパイラ

```
in = ~PORTA & 0xf;
  switch(in){
```

```
        case 1:d=3;break;
        case 2:d=15;break;
        case 4:d=63;break;
        case 8:d=255;break;
        default:d=0;
    }
    LATB = ~d;
```

[問題] 2-10-1
・CCS-C コンパイラ

```
int data[]={0x0,0x1,0x3,0x7,0x17,0x37,0xdc,0xf5,0xc8,0x3c};
    :
while(1){
    for(i=0;i<10;i++){
        output_b(~data[i]);
        delay_ms(500);
    }
}
```

・XC コンパイラ

```
int data[]={0x0,0x1,0x3,0x7,0x17,0x37,0xdc,0xf5,0xc8,0x3c};
    :
for(i=0;i<10;i++){
        LATB = ~data[i];
        __delay_ms(500);
}
```

[問題] 2-12-1
・CCS-C コンパイラ

```
while(1){
    po = a;
    for(j=0;j<8;j++){
        output_b(~*po++);
        delay_ms(500);
    }
}
```

・XC コンパイラ

```
    po = a;
    for(j=0;j<8;j++){
            LATB = ~*po++;
            __delay_ms(500);
```

[問題] 2-14-1
・CCS-C コンパイラ

```c
int hiku(int a,int b)
{
  return a-b;
}
    :
while(1){
    for(i=0;i<3;i++){
      output_b(~hiku(data[i][0],data[i][1]));
      delay_ms(1000);
    }
}
```

・XC コンパイラ

```c
int hiku(int a,int b)
{
  return a-b;
}
    :
  for(i=0;i<3;i++){
      LATB = ~hiku(data[i][0],data[i][1]);
      __delay_ms(1000);
    }
```

[問題] 2-14-2
・CCS-C コンパイラ

```c
void hiku(int a,int b)
{
  output_b(~(a-b));
}
    :
  while(1){
    for(i=0;i<3;i++){
      hiku(data[i][0],data[i][1]);
      delay_ms(1000);
    }
  }
```

・XC コンパイラ

```c
void hiku(int a,int b)
{
  LATB = ~(a-b);
```

問題解答例

```
}
  :
  for(i=0;i<3;i++){
       hiku(data[i][0],data[i][1]);
       __delay_ms(1000);
  }
```

[問題] 2-14-3
・CCS-C コンパイラ

```
void light(int bt)
{
    if(bt !=0xf){
        output_b(0);
    }
    else{
        output_b(~0x18);
    }
}
  :
  while(1){
       light(input_a() & 0xf);
  }
```

・XC コンパイラ

```
void light(int bt)
{
    if(bt !=0xf){
        LATB = 0;
    }
    else{
        LATB =~0x18;
    }
}
  :
light(PORTA & 0xf);
```

索 引

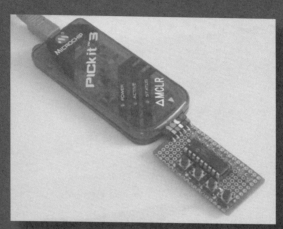

索引

五十音順

≪あ行≫

- あ　アスキーコード表 ………………………… 75
- 　　アセンブリ …………………………………… 29
- 　　アドレス定数 ……………………………… 142
- 　　アノード ……………………………………… 70
- い　一次元配列 ………………………………… 128
- 　　インスタンス ……………………………… 188
- う　内ループ …………………………………… 139
- え　エラー ……………………………………… 25
- お　オーバーフロー …………………………… 93
- 　　オルタネイト・スイッチ ………………… 111
- 　　音声合成 LSI ……………………………… 141

≪か行≫

- か　回数指定ループ …………………………… 88
- 　　学習ボード ………………………………… 42
- 　　カソード …………………………………… 70
- 　　型 …………………………………………… 79
- 　　関数 …………………………………… 69, 161
- 　　カンマ演算子 ……………………………… 124
- 　　管理者として実行 ………………………… 46
- き　局所変数 …………………………………… 170
- 　　巨視的変数 ………………………………… 171
- く　グローバル変数 …………………………… 170
- こ　構成メンバー ……………………………… 187
- 　　構造体 ……………………………………… 184
- 　　コメント行 ………………………………… 61
- 　　コンパイラ ………………………………… 29
- 　　コンパイル ………………………………… 25

≪さ行≫

- さ　サブルーチン ……………………………… 163
- し　式 …………………………………………… 76
- 　　字下げ ……………………………………… 23
- 　　四則演算 …………………………………… 94
- 　　シフト命令 ………………………………… 93
- 　　条件式 ……………………………………… 100
- 　　条件指定ループ …………………………… 88
- 　　条件ループ ………………………………… 71
- 　　新規プロジェクト ………………………… 47
- 　　進数 ………………………………………… 7
- す　数値変数 …………………………………… 142
- せ　正の数 ……………………………………… 16
- 　　絶対符号形式 ……………………………… 18

≪そ≫

- 　　セラミック発振子 ………………………… 65
- 　　宣言 ………………………………………… 80
- そ　添え字 ……………………………………… 128
- 　　外ループ …………………………………… 139

≪た行≫

- た　ダイナミック点灯方式 …………………… 193
- 　　代入式 ……………………………………… 70
- 　　タイマー割り込み ………………………… 207
- 　　多方向分岐 ………………………………… 122
- て　定数 ………………………………………… 74
- 　　電子サイコロ ……………………………… 191

≪な行≫

- な　内蔵オシレータ …………………………… 65
- に　入出力ポート ……………………………… 67

≪は行≫

- は　ハイスピードクロック …………………… 65
- 　　排他的論理和 ……………………………… 94
- 　　配列 ………………………………………… 128
- 　　配列要素 …………………………………… 134
- ひ　ビット演算 ………………………………… 91
- 　　ビットシフト ……………………………… 91
- 　　否定 ………………………………………… 94
- ふ　負の数 ……………………………………… 16
- 　　プログラムメモリ領域 …………………… 134
- へ　ヘッダーファイル ………………………… 61
- 　　変数 ………………………………………… 76
- ほ　ポインタ …………………………………… 145
- 　　ポインタ変数 ……………………………… 149
- 　　補数形式 …………………………………… 18

≪ま行≫

- め　命令 ………………………………………… 71
- も　モーメンタリー・タイプ ………………… 111
- 　　文字列操作関数 …………………………… 142
- 　　文字列配列 ………………………………… 141
- 　　戻り値 ……………………………………… 161

≪や行≫

- ゆ　ユニバーサル基板 ………………………… 42
- よ　予約語 ……………………………………… 187

≪ら行≫

- ら　ライター …………………………………… 37
- れ　連結 ………………………………………… 142

索 引

ろ ローカル変数 ……………………………… 168
ロースピードクロック ………………… 65
論理積 ……………………………………… 94
論理和 ……………………………………… 94

≪わ行≫

わ 割り込み処理 …………………………… 207

数字

10進数 ……………………………………… 8
16進数 ……………………………………… 11
2次元配列 ……………………………… 136
2重ループ ……………………………… 136
2進数 ……………………………………… 9

アルファベット順

≪A≫
AND ……………………………………… 94

≪B≫
break …………………………………… 127

≪C≫
case ……………………………………… 122
CCS-Cコンパイラ ……………………… 32
char ……………………………………… 82
const …………………………………… 135

≪D≫
DIPタイプ ……………………………… 38
do ………………………………………… 125

≪E≫
else ……………………………………… 99
EOR ……………………………………… 94
EXOR …………………………………… 94

≪F≫
float ……………………………………… 82
for ………………………………………… 84

≪H≫
.h ………………………………………… 61

HS ………………………………………… 65

≪I≫
if …………………………………………… 99
int ………………………………………… 80
INTRC_IO ……………………………… 66

≪L≫
LP ………………………………………… 65

≪M≫
main関数 ………………………………… 67
MCLR端子 ……………………………… 66
MPLAB IDE X ………………………… 44
MPLAB-X ……………………………… 39

≪N≫
NOT ……………………………………… 94

≪O≫
OR ………………………………………… 94
out ……………………………………… 127

≪P≫
PCB ……………………………………… 36
PCD ……………………………………… 36
PCH ……………………………………… 36
PCM ……………………………………… 36
PICkit3 ………………………………… 38
PICプログラマ ………………………… 37

≪S≫
signed …………………………………… 19
SOPタイプ ……………………………… 38
switch ………………………………… 122

≪U≫
unsigned ………………………………… 19

≪W≫
while命令 ……………………………… 71

≪X≫
XC8コンパイラ ………………………… 44
XCコンパイラ ………………………… 32

223

[著者略歴]

神田民太郎（かんだ・みんたろう）

1960年5月宮城県生まれ。1983年職業訓練大学校卒業。
仕事ではなく、長くコンピュータプログラミング教育に携わる。
傍ら、「相撲ロボット」競技に参加、オリジナルロボット作りを
長く続ける。
最近は、ロボット以外にも分野を広げ、あまり、世の中に出ま
わっていないような機器を作ることを中心に、製作活動をして
いる。

[主な著書]

たのしい電子工作
やさしい電子工作
「電磁石」のつくり方 [徹底研究]
自分で作るリニアモータカー
ソーラー発電 LED ではじめる電子工作
やさしいロボット工作　　　　　　　　　　　　　　（以上、工学社）

本書の内容に関するご質問は、
① 返信用の切手を同封した手紙
② 往復はがき
③ FAX(03)5269-6031
　（返信先のFAX番号を明記してください）
④ E-mail　editors@kohgakusha.co.jp
のいずれかで、工学社編集部あてにお願いします。
なお、電話によるお問い合わせはご遠慮ください。

I/O BOOKS

「PICマイコン」で学ぶC言語

2018年11月20日　初版発行　ⓒ 2018

著　者	神田　民太郎	
発行人	星　正明	
発行所	株式会社 **工学社**	
	〒160-0004 東京都新宿区四谷4-28-20 2F	
電話	(03)5269-2041(代)[営業]	
	(03)5269-6041(代)[編集]	
振替口座	00150-6-22510	

※定価はカバーに表示してあります。

[印刷] 図書印刷（株）

ISBN978-4-7775-2066-4